CHINA'S
FOREIGN TRADE
SYSTEM AND PRACTICE
(1949-2019)

中国对外贸易
体制与实践

（1949~2019）

裴长洪　王万山　著

社会科学文献出版社
SOCIAL SCIENCES ACADEMIC PRESS (CHINA)

目　录

第一章　对外贸易统管体制建立
（1949～1952）

第一节　对外贸易背景

　　鸦片战争以后，中国的主权和领土完整受到了严重破坏，对外贸易也丧失了独立自主的地位，完全依附于当时的英、法等殖民国家，对外贸易的性质转向半殖民化。殖民国家凭借不平等协议的贸易特权，以通商口岸、租界为据点，以协定关税和领事裁判权为贸易垄断权通道，向中国大量出口和倾销商品，掠夺进口资源，进行较为典型的殖民化贸易。尽管如此，因为打破了中国经济的封闭模式，客观上促进了半殖民地半封建时期中国对外贸易的复苏和较快发展。根据经贸历史资料统计，1868～1913年，中国对外贸易总额从一亿二千多万关两增加到九亿七千多万关两，增长了七倍，1929年又增加到二十二亿八千万关两。1931年"九·一八"事变以后，中国的东北、华北大片领土被日本侵略者占领。抗日战争爆发后，沿海口岸也相继沦陷，使国民党政府统治区的对外贸易几乎陷于停摆状态。但是，到1945年日本投降，中国的对外贸易很快就超过了历史最高水平。应当指出的是，旧中国的对外贸易发展是在殖民国家控制下运行的，是一种不公平、不正常的对外贸易体制和模式。

　　半殖民地半封建时期中国对外贸易是畸形的，它在历史上发挥的作用也是独特的。一方面，它成为殖民国家、官僚买办资产阶级掠夺和剥削中国人民的工具。另一方面，它加速了中国封建专制对外贸易的解体和自然经济的瓦解，促进了中国资本主义的起步与发展，使中国对接和融入了当时的世界资本主义市场。此外，它对于中国现代工业的建立和开展国际经济技术交流，在客观上起到了一定的推动作用。

新中国成立初期，国内外矛盾错综复杂，困难很多。在国际上，西方国家对新中国实行政治孤立、经济封锁和军事包围。在国内，人民解放战争尚未完全结束，国民党还有上百万军队在西南、华南和沿海岛屿负隅顽抗。在经济上，新中国继承的是一个十分落后而又千疮百孔的经济烂摊子。由于长期滥发纸币，市场上物价飞涨、投机猖獗、秩序混乱，整个经济处于支离破碎的状态，生产萎缩，交通阻塞，民生困苦，失业者众。面对极其困难的财政经济状况，中国政府采取了一系列重大的措施来稳定物价和统一财经。经过一年多的艰苦努力，通货膨胀得到控制，物价日趋稳定，财政收支接近平衡。在这样的形势下，1950 年 6 月中国共产党召开了七届三中全会，毛泽东在会上做了书面报告，向全党全国人民提出"为争取国家财政经济状况的基本好转而斗争"的阶段性中心任务。党的七届三中全会及时提出了中国在国民经济恢复时期的战略、策略、方针，通过对工商业的合理调整，不仅使一度呈现的私营企业生产经营萎缩的态势得到迅速扭转，而且使公私关系、劳资关系的紧张局面得到缓和。

从 1949 年 10 月中华人民共和国成立到 1952 年底，是中国进行国民经济恢复和进行社会主义经济建设的准备阶段。经过三年的艰苦拼搏，中国成功地完成了国民经济的恢复工作。到 1952 年底，全国工农业生产都超过了历史的最高水平。1952 年，全国工农业总产值比 1949 年增长 77.5%，其中工业总产值增长 145%，农业总产值增长 48.5%。从 1949 年到 1952 年，全国职工的平均工资提高了 70% 左右，各地农民的收入一般增长了 30% 以上。[1] 工农业生产和各项事业的迅速恢复与发展，为对外贸易的进行奠定了必要的基础。同时，对外贸易的开展对新中国的经济建设起到了重要的支持与推动作用。

第二节　对外贸易状况

一　总体状况

在国民经济恢复时期，通过贯彻"城乡互助，内外交流"的方针政策，

---

[1]　吴于廑、齐世荣：《世界史·现代史编（下卷）》，高等教育出版社，1994。

中国国内经济包括外贸商品生产以及对外贸易联系基本恢复，独立自主的对外贸易体系初步建立。通过坚持在平等互利原则的基础上与一切国家开展贸易，通过一系列反对封锁、禁运的对策和措施，这一时期的对外贸易得到恢复和发展，贸易额有所增加，摆脱了旧中国对外贸易半殖民化的依附性。

新中国成立初期，因为大规模经济建设并未展开以及西方国家对中国的经济封锁与贸易禁运，虽然中国对外贸易占世界贸易的比重稍有增加，但是变化不大。1950~1952年，世界贸易总额分别为1260亿美元、1720亿美元、1700亿美元，中国对外贸易总额分别为11.3亿美元、19.6亿美元、19.4亿美元，中国对外贸易占世界贸易的比重分别为0.90%、1.14%、1.14%（参见表1.1）。

表 1.1　1950~1952 年中国与世界贸易额及中国所占比重

单位：亿美元，%

年份	世界	中国	比重
1950	1260	11.3	0.90
1951	1720	19.6	1.14
1952	1700	19.4	1.14

资料来源：世界贸易组织（WTO）数据，国研网整理。

1950~1952年，中国GDP分别为173亿美元、202亿美元、239亿美元，进出口额分别为11.3亿美元、19.6亿美元、19.4亿美元，对外贸易依存度分别为6.53%、9.70%、8.12%，处于较低水平。同期，中国出口额分别为5.5亿美元、7.6亿美元、8.2亿美元，出口依存度分别为3.18%、3.76%、3.43%；进口额分别为5.8亿美元、12.0亿美元、11.2亿美元，进口依存度分别为3.35%、5.94%、4.69%（参见表1.2）。这一时期，中国出口依存度始终小于进口依存度，尤其在1951年，两者差值为2.18个百分点，表明新中国成立伊始，相对于出口而言，进口对国民经济的增长起了更大的作用。

表 1.2　1950～1952 年中国对外贸易额、GDP 及对外贸易依存度

单位：亿美元，%

年份	GDP	进出口总额	对外贸易依存度	出口额	出口依存度	进口额	进口依存度
1950	173	11.3	6.53	5.5	3.18	5.8	3.35
1951	202	19.6	9.70	7.6	3.76	12.0	5.94
1952	239	19.4	8.12	8.2	3.43	11.2	4.69

资料来源：中国 GDP 数据来自《中国对外经济贸易年鉴 1984》，中国对外经济贸易出版社，1984。中国贸易额、世界贸易额数据来自世界贸易组织（WTO）数据，国研网整理。

　　1951～1952 年，中国对外贸易增长率高于世界贸易增长率，两者之差分别为 36.94 个、0.14 个百分点。1952 年，中国与世界贸易总额均有下降，但中国对外贸易总额的下降速度低于世界贸易额下降速度，值得注意的是该年中国出口仍然是增长的，增长率达到了 7.89%（参见表 1.3），而同期世界贸易出口下降了 2.26%。

表 1.3　1950～1952 年中国对外贸易增长率与世界贸易增长率

单位：%

年份	进出口		出口	进口
	世界	中国	中国	中国
1950	2.44	—	—	—
1951	36.51	73.45	38.18	106.90
1952	-1.16	-1.02	7.89	-6.67

资料来源：中国对外贸易额、世界贸易额数据来自世界贸易组织（WTO）数据，国研网整理。

二　主要贸易伙伴

　　这一时期，中国主要的贸易伙伴有苏联、美国、香港、印度、民主德国、英国、捷克斯洛伐克等国家和地区。下面介绍几个主要的贸易伙伴。

（一）苏联

　　这一时期，苏联一直是中国最大的贸易伙伴国，这是由中国的外交关

系所决定的。中华人民共和国成立以前，中国同苏联的贸易在中国对外贸易总额中占比较小，仅为 3%～6%。新中国成立后这种情况发生了明显变化。1949 年，中国对苏进出口贸易总额为 2633 万美元，其中进口总额为 858 万美元，出口总额为 1775 万美元，在中国对外贸易总额中排在美、英两国之后，居第三位。1950 年，新中国成立后的第一年，中国对苏进出口贸易总额就猛增至 33844 万美元，占当年中国进出口的比重为 29.95%，其中进口总额为 18519 万美元，出口总额为 15325 万美元，一举超过美、英两国，跃居第一位。1951 年，中苏贸易总额与 1950 年相比呈成倍增长，达 80860 万美元，占当年中国进出口的比重为 41.26%。1952 年的中苏贸易总额比 1951 年又有较大幅度的增长，达 106421 万美元，占当年中国进出口的比重为 54.86%。[①]

（二）美国

中国对美国的贸易有多年的历史。特别是在第二次世界大战以后，国民党政府在经济等诸方面加深对美国的依赖，对美国贸易占比每年都在 35% 以上，其中 1946 年高达 53.2%，绝对值为 3.79 亿美元。1949 年中国对美国进出口总值为 8294.5 万美元，占中国对外贸易总额的 24.4%，其中进口 6056 万美元，占中国进口总额的 34.3%，位于各贸易伙伴之首；出口 2238 万美元，占中国出口总额的 13.8%，仅次于香港地区，居第二位。中华人民共和国的成立，并未立即对中美贸易产生影响。1950 年，美国是中国的第二大贸易伙伴。中国与美国贸易总额为 2.38 亿美元，为 1949 年的 2.87 倍，占当年中国对外贸易的 21.1%。说明中美贸易不仅得到延续，而且略有增长。

1950 年美国开始对中国实施禁运，并且"封锁""禁运"的严厉程度逐月升级，但是在 12 月实施全面"禁运"以前，中美贸易额仍然有较大的增长，中国对美贸易逆差为 4700 万美元。这表明，中美两国互通贸易是双方的共同需要和共同利益，只要美国政府不实行全面"禁运"，两国的贸易仍能克服困难较快发展。

1950 年 12 月，美国公布了"有关管制战略物资输出"的加强命令，将输往中国内地、香港和澳门地区的一切物资，无论是战略性的或非战略性

---

① 孟宪章主编《中苏经济贸易史》，黑龙江人民出版社，1992。

的都管制起来。12月8日，又公布了"港口管制法令"，不仅禁止美籍船只开往中国港口，而且其他国家商船凡经过美国辖区口岸转口的，也必须对载运的战略物资申请港口管制机构批准，否则予以扣留。12月16日，美国财政部颁布了"管制外国人资产法令"，冻结美辖区内中国大陆所有的公私财产。1951年3月，美国在贸易上实行了限制中国土特产品进口的办法。1951年8月，美国海关又宣布禁止中国和朝鲜两国所产的所有货物及两国货物在其他国家加工制品的进口。中美两国的正常贸易，由于美国政府越来越紧的"封锁""禁运"，被迫降低以至断绝。中美1951年的贸易额，只及1950年的3.3%，1952年起中美贸易彻底断绝。

（三）香港地区

新中国成立后，香港是重要的转口贸易基地，是华北、华中、华南进出口贸易的主要集散地，是中国内地对外贸易的主要通道之一，起着重要窗口的作用。1950年，中国内地与香港的贸易额为1.51亿美元，占当年中国对外贸易的比重为13.38%。香港是中国内地的第三大贸易伙伴。1951年，双边贸易额为6.12亿美元，香港占当年中国对外贸易的比重为31.23%，是中国内地的第二大贸易伙伴。1952年，双边贸易额为2.98亿美元，香港占当年中国对外贸易的比重为15.36%，是中国内地的第二大贸易伙伴。为应对美国的"禁运""封锁"，这一时期中国外贸部门利用英国和美国的外贸政策差异，运用多种方式用储备的英汇和港汇头寸从香港市场进口了大量物资。这些贸易物资占了当年中国进口很大比重，例如橡胶进口值占比57.63%，钢铁材料进口值占比33.18%，药品进口值占比75.0%，医疗器材进口值占比51.33%，化学染料进口值占比63.08%。

（四）英国

中英贸易至新中国成立时已有100余年的历史。1931年中英贸易总额为1亿余美元，占中国对外贸易总额的7.83%，地位仅次于日本和美国。1951年5月18日，英国同意美国在联合国提出的对中国"禁运"的提案，但反对对中国实施全面禁运，英国驻联合国代表认为，那样做是"欲损人反而害己"。但是1951年6月19日，英国政府还是把运往中国内地及香港地区的一切出口货物置于特许管制之下，导致1951年中英贸易额骤然缩减，较 1950 年减少了 50%。1952 年莫斯科国际经济会议期间，中英双方代表团达成了 1952 年每方价值达 1000 万英镑的贸易协议，然而由于英国政府追随美国政府实行的敌视中国的禁运政策，到 1952 年底，进口仅完成 599.8 万英镑，出口仅完成 188.7 万英镑。1950~1952 年，中国与英国进出口额分别为 0.74 亿美元、0.35 亿美元、0.26 亿美元，占当年中国进出口的比重分别为 6.51%、1.79%、1.33%。[①]

三　对外贸易结构与方式

（一）对外贸易商品结构

新中国成立前，中国的对外贸易掌握在洋行洋商手中，对外贸易的商品主要为了迎合西方国家的需要，出口产品基本为满足西方国家的需要而生产，如丝、茶、皮毛、油脂、棉花、草帽辫等；进口商品一方面满足国内市场需求，一方面迎合西方国家商品输出的要求，贸易商品大多是日用消费品、奢侈品，例如棉布、糖、酒、烟、煤油、纸张、木材、呢绒、化妆品等。新中国对外贸易的一个根本转变是独立自主贸易，改变贸易需求、贸易结构以满足本国生产、消费的需要。

新中国成立后，外贸部门有计划地组织进出口，大力推销农副产品及国内滞销产品，大量进口国内急需的生产资料、工业原料及部分生活必需品。经济恢复时期，中国进口商品主要有：机床、工程机械、五金材料、工具、金属器材、橡胶、棉花、化肥、化工原料、船舶、汽车及零件、农用机械、运输工具、器材仪器、燃料、农药、西药及医疗器械等。出口商品主要是农副产品及加工品，以及国内生产有余的物品，如大豆、大米、食用油、桐油、煤、矿产品、猪鬃、肠衣、皮毛、羊绒、蛋品、丝绸、茶叶、手工艺品、盐、蛋、肉等。

这一时期，中国进口产品中，化工产品在 1950 年、1951 年两年中位居进口的第一位，成套设备和技术进口在 1952 年居第一位。同期，中国对国内紧缺的五金矿产的进口始终居于第二或第三位，占比一直高达 10% 以上（参见表 1.4）。

---

① 董志凯：《跻身国际市场的艰辛起步》，经济管理出版社，1993。

表 1.4　1950～1952 年中国进口商品结构①

单位：亿美元，%

年份	进口总额	I		II		III		IV		V	
		金额	比重	金额	比重	金额	比重	金额	比重	金额	比重
1950	5.83	0	0.1	0.68	11.7	0.8	13.7	1.4	24.0	0	0
1951	11.98	1.33	11.1	1.72	14.4	1.82	15.2	2.28	19.0	0	0
1952	11.18	2.94	26.3	1.55	13.9	1.15	10.3	1.03	9.2	0	0

年份	进口总额	VI		VII		VIII		IX		X	
		金额	比重	金额	比重	金额	比重	金额	比重	金额	比重
1950	5.83	0	0	0	0	0	0	0	0	2.94	50.4
1951	11.98	0	0	0	0	0	0	0	0	4.83	40.3
1952	11.18	0	0	0	0	0	0	0	0	4.51	40.3

注：I，成套设备和技术；II，机械仪器；III，五金矿产；IV，化工；V，轻工；VI，工艺；VII，纺织品；VIII，粮油食品；IX，土产畜产；X，其他。

资料来源：《当代中国》丛书编辑委员会《当代中国对外贸易》，当代中国出版社，1992。

　　新中国成立初期，中国亟须恢复和发展工业生产，而中国工业基础薄弱，因而进口了大量的各类机器，同时进口了一些国内供给不足的钢铁与有色金属。1950～1952 年，中国主要进口的大宗物资包括：汽车 11057 辆、起重机 2525 台、拖拉机 394 台、机床 10577 台、飞机 10 架、船舶 5 艘、钢材 149.83 万吨、铁道器材 18.97 万吨、有色金属 10.69 万吨。

　　这一时期，中国工业落后，加工能力很差，因此出口商品大多是以原材料为主的初级产品。中国出口商品中，粮油食品一直位居出口比重的第一位，占历年出口比重的一半左右；土产畜产一直位居出口比重的第二位，五金矿产有两年位居出口比重的第三位，机械产品的出口额则相当小。这由当时中国以农业、矿业为主的经济结构所决定。

　　1950 年，中国出口总额为 5.52 亿美元，粮油食品、土产畜产、五金矿产位居当年出口的前三位，其出口额分别为 2.79 亿美元、1.81 亿美元、0.44 亿美元，各占当年出口总额的 50.5%、32.8%、8.0%。1952 年，中国出口总额为 8.23 亿美元，粮油食品、土产畜产、五金矿产位居当年出口的

---

　　① 进口商品结构是指一国在一定时期内各类进口商品在整个进口贸易总额中所占的比重，可以间接说明一国在资源、要素配置及技术等方面对国外市场的依赖程度。

前三位，其出口额分别为 3.89 亿美元、2.13 亿美元、1.12 亿美元，各占当年出口总额的 47.3%、25.9%、13.6%（参见表 1.5）。

表 1.5　1950～1952 年中国出口商品结构①

单位：亿美元，%

年份	出口总额	I		II		III		IV		V	
		金额	比重	金额	比重	金额	比重	金额	比重	金额	比重
1950	5.52	2.79	50.5	0.33	6.0	1.81	32.8	0	0	0.06	1.1
1951	7.57	3.28	43.3	0.45	6.0	1.79	23.6	0	0	0.04	0.5
1952	8.23	3.89	47.3	0.54	6.6	2.13	25.9	0	0	0.02	0.2

年份	出口总额	VI		VII		VIII		IX	
		金额	比重	金额	比重	金额	比重	金额	比重
1950	5.52	0.44	8.0	0.1	1.8	0.01	0.2	0	0
1951	7.57	0.88	11.6	1.03	13.6	0.08	1.1	0.02	0.3
1952	8.23	1.12	13.6	0.26	3.2	0.25	3.0	0.02	0.2

注：I，粮油食品；II，纺织品；III，土产畜产；IV，工艺；V，轻工；VI，五金矿产；VII，化工；VIII，机械；IX，其他。

资料来源：《当代中国》丛书编辑委员会《当代中国对外贸易》，当代中国出版社，1992。

（二）对外贸易方式

对外贸易方式一般指一国或地区同别国或地区进行货物交易时所采用的各种具体做法，包括一般贸易②、加工贸易③、易货贸易、补偿贸易等。④1951 年 1 月，中国召开了对外贸易管理会议，确立了以"先进后出"的易货贸易方式为主，结汇贸易等多种贸易方式并存的对外贸易政策框架。随着形势的变化，针对不同国家，不同经营成分，政府提倡采用灵活多变的贸易方式。

---

① 出口商品结构是指一国在一定时期内各类出口商品在整个出口贸易总额中所占的比重。它是反映一国资源状况、产业发展水平以及对外贸易政策的指标。
② 一般贸易是指一国进口他国利用自己的原材料生产的商品出口的贸易形式。
③ 加工贸易主要包括"进料加工"、"来料加工"、"来件组装"和"协作生产"四种形式，是通过进口原材料、零部件，加工成产品后再出口，以获得部分附加值的贸易形式。
④ 这里对外贸易方式仅指对外货物贸易方式。

1. 易货贸易

这一时期中国易货贸易的方式有四种。（1）直接易货。进出口商根据"先进后出"的原则，确定每次进出口货物的品种、数量和估价，按期办理货物进出口。（2）记账易货。货物先进口，后于一定期限内办理进口手续。（3）联销易货。货物先出口，后于一定期限内办理出口手续。（4）对开信用证易货。中国进出口商同时确定进出口货物的品种、数量、估价及期限，与国外贸易商互开有关联的信用证，按期办理货物进出口。

在对西方国家的贸易中，中国实际采用的易货贸易方式主要是记账易货和联销易货，直接易货比重很小。在经营成分上，私营贸易商大于国营贸易商。例如1951年对西方国家的易货贸易中，私营易货进口占比37%，出口占比32%，国营易货出口占比24.5%，进口仅占比3.3%。而在对苏联及东欧等国家的贸易中，95.67%为易货贸易，而且大部分为直接易货贸易。

在1949~1952年短短三年多时间里，中国主要的对外贸易方式由于形势的变化而反复更替，经历了易货—结汇—易货—多种方式并用等转换过程。转换的基本原因是应对不同的贸易形势，减少损失、扩大对外贸易。其中以易货为主的贸易方式除对苏联及东欧国家长时期采用以外，对西方国家采用的时间主要集中在1951年上半年，即"封锁""禁运"最严厉的时期。为了克服易货困难，对外贸易管理部门和人民银行都采取了多种措施应对，当外围环境宽松时，结汇贸易和记账易货的比重就迅速增加，尽可能减少易货方式给对外贸易带来的诸多不便和困难。

2. 对香港、澳门地区的直接贸易和转口贸易

中国内地同港澳地区之间的经济贸易关系不仅有历史渊源，而且具有互相补充、互相支持和互相依附的性质。20世纪50年代，中国政府即把开展内地同港澳地区的贸易作为发展中国对外贸易的一个重要窗口。

1950年，以美国为首的西方国家对中国实施"禁运""封锁"以后，为了输入中国建设急需的物资，中国充分利用香港的转口贸易开展对外贸易，从西方各国购进了一批有利于建设的物资，在一定程度上缓解了对中国的封锁。1951年，在香港逐渐加紧实施"禁运"的情况下，中国努力通过澳门突破"封锁"，对澳门的贸易额一度显著增加。1951年1月对澳门的贸易总额为886万元，从2月到6月，每月贸易额在350万到800万元之间。6月25日香港实施新管制法令以后，对澳门的贸易总额从7月起即陆

增至 1255 万元，9 月达到 2230 万元。除去以往经常从澳门输入的石油和润滑油外，新增加的进口货物有钢铁材料、汽车轮胎、药品、硫酸铵、汽车零件、橡胶、棉布、机器等。

　　新中国成立初期，中国内地对港澳出口每年基本上维持在 1 亿多美元的水平。出口商品以副食品和土特产品为主。当时港澳地区的进口是以供居民消费的农副产品和转口商品为主。中国出口在以供应港澳本地市场为主的基础上，也利用港澳市场的有利条件，将一些出口农副产品转销到一些尚未同中国建立外交关系和直接进行贸易往来的国家，以扩大对外经济贸易联系，促进双边贸易关系的发展。内地供货在香港进口贸易中一直居第一位。①

第三节　国家对外贸易统管体制的建立

一　新中国对外贸易管理机构的建立

　　1949 年 10 月 19 日，中央人民政府委员会举行第三次会议，任命叶季壮为中央人民政府贸易部部长，孔原为海关总署署长。1949 年 11 月 2 日，贸易部在原华北人民政府工商部及中央商业处的基础上成立。1949 年 10 月 25 日，海关总署在北京成立，由中央人民政府政务院直接领导，实行集中统一的垂直领导体制。

　　1950 年 1 月 27 日，中央人民政府政务院第十七次政务会议通过《关于关税政策和海关工作的决定》。遵循这一决定，海关总署进行了一系列的改革工作。这些工作使中国的海关从百年来遭受殖民国家控制，不能独立和自主管理的状况得到彻底改变，转变为独立、自主的新海关管理体制。在组织机构上，根据政务院规定的"中央人民政府海关总署，必须是统一集中的和独立自主的国家机关"的原则，海关总署已先后接管了天津、上海、青岛、烟台、广州等地的 26 个海关，并调整了各海关的组织机构，对旧海关工作人员进行了教育与思想改造，肃清被殖民时期残留在海关中的势力和影响。全国各海关的负责人，也多由海关总署派出和任命。由此，全国

---

　　① 吴承明、董志凯：《中华人民共和国经济史（第一卷）（1949—1952）》，中国财政经济出版社，2001。

海关初步统一集中在中央人民政府海关总署的直接领导之下。旧海关设置的地点和对外贸易口岸的开放，都是根据不平等条约与殖民国家经济的方便，而不是根据中国对外贸易的需要。因此，海关总署将不宜设关的内河口岸，如重庆、金陵及梧州三关撤销，并拟出全国设关原则与设关地点的方案，呈请政务院批准公布。

新海关的职能和任务，不再是过去那样单一的收关税，而是根据国家对外贸易新政策，加入了保护和促进国家的对外贸易与经济发展等新职能。根据政务院的决定，海关负责对出入国境的各种货物、货币等执行实际的监督，征收关税，查办与惩处走私。这对恢复与发展新中国成立初期的外经贸工作起了重要的推动作用。例如，当时香港、广东药品贸易走私现象甚为猖獗，经广州海关严密缉查，广州各药房对走私客所携带的走私物品都不敢再收纳，纷纷改变过去依靠走私来货的商业模式，转而向贸易部对外贸易管理局申请进口份额。

1950 年 3 月 10 日，中央人民政府政务院第二十三次政务会议通过《关于统一全国国营贸易实施办法的决定》。依据这一决定，贸易部统一领导与管理国内贸易和对外贸易，其中的对外贸易管理事宜由贸易部领导其所属的对外贸易管理局及其分局执行。具体而言，贸易部执行以下职能：（1）根据政务院财政经济总计划起草国营贸易及合作社贸易总计划，经政务院批准后实施；（2）批准全国各专业总公司的业务计划及财务计划并监督其执行；（3）管理与调度全国一切国营贸易资金及存货；（4）决定全国各大市场国营贸易公司批发商品的价格；（5）指导全国私营商业及各级人民政府贸易部门对于市场的管理工作；（6）颁布全国贸易会计法规。全国的国营贸易、合作社贸易与私营贸易的国家总领导机关为贸易部。各大行政区及中央直属省区市人民政府的贸易部门，受贸易部及当地人民政府财政经济委员会的双重领导。

1952 年 8 月 7 日，为了加强对外贸易工作，中央政府根据中央人民政府委员会第十七次会议通过的《关于调整中央人民政府机构的决议》，撤销贸易部，成立对外贸易部统一领导和管理中国对外贸易，成立商业部统一领导和管理国内贸易。对外贸易部的职能主要包括：（1）编制国家进出口贸易计划和对外贸易外汇收支计划，组织和检查计划的执行；（2）起草中国同有关国家发展经济贸易和技术合作的联系方案，负责同有关国家进行谈判，签订协定和议定书等，并监督执行；（3）起草对外贸易管理的基本法规和海关管理法规，并贯彻执行；（4）制定国营对外贸易企业进口、出口、运输、包装业务程序，管理并监督执行；（5）签发进口、出口和过境贸易的许可证。

二　新中国对外贸易统管体制的建立

新中国的外贸体制是在这一时期逐步建立起来的，主要包括国家集中领导、统一管理对外贸易，设立国营外贸公司，同时允许私营贸易渠道存在，外贸财务管理体制、外贸行政管理体制、海关管理体制、进出口商品检验管理体制并重。

1. 国家集中领导、统一管理对外贸易

新中国成立后，在建立集中统一的对外贸易管理机构体系的基础上，陆续颁布了一系列统管的全国对外贸易的法令和法规，并制定了有关的具体规定和实施办法。按照统管的对外贸易政策，对外贸易部门会同其他有关部门，采取商品分类管理、进出口许可证、外贸企业审批、外汇管制、出口限价、保护关税、货运监督、查禁走私、商品检验等行政管理措施，运用信贷、税收等经济手段，并逐步加强计划管理，把全国对外贸易活动置于国家集中领导、统一管理之下，以统一地进行对外经济活动，维护国家独立自主，促进国民经济的恢复和发展，保证社会主义改造的顺利进行。

2. 设立国营外贸公司，同时允许私营贸易渠道存在

1950年，贸易部在国外贸易司下设立了对社会主义国家开展经营贸易的"中国进口公司"，对西方国家设立了经营贸易的"中国进出口公司"，以及中国土产、油脂、茶叶、蚕丝、矿产等国营外贸公司。通过全方位设立贸易公司这种方式，中国政府全面控制了全国的对外贸易。新中国成立初期，政府允许存在私营进出口企业，主要通过政策法令对其业务进行监督。其时，政府对外贸领域的公私经营范围做了明确的划分，实行公私贸易兼顾、区别对待的政策，对私营贸易商采取经济调节和行政管理相结合的领导方式。

3. 外贸财务管理体制

外贸财务管理体制是外贸体制内政府部门和经营单位赖以维持和运转的财务基础。当时的相关规定主要有：各外贸专业总公司负责核算和平衡

本公司系统的进出口盈亏，其盈利和亏损一律上报对外贸易部，统一核算和综合平衡后上报中央财政，盈利一律上缴财政部，亏损也由财政部负责解决。外贸公司不自负盈亏，生产供货单位或使用进口物资的单位对盈亏也概不负责。此外，外贸公司的流动资金由财政部统一核拨。这是一种集中的、由对外贸易部统一核算并由财政部统收统支、统负盈亏的"大锅饭"财务管理体制。

4. 外贸行政管理体制

外贸行政管理主要根据中央人民政府于1950年12月8日颁布的《对外贸易管理暂行条例》和贸易部于1950年12月28日颁布的《对外贸易管理暂行条例实施细则》进行。对外贸易管理事宜，由贸易部领导其所属的对外贸易管理局及其分局执行。凡经营进出口业务的本国公私营商号及经营出口工厂，均须向所在地区对外贸易管理局申请登记。进出口厂商进口或出口任何商品，均须事先向所在地区对外贸易管理局申请进口或出口许可证，经核发后，方得凭其办理其他进出口手续。凡货物进出口都必须依法以结汇的方式经营，但在必要时贸易部可以指定若干种贸易商品准许贸易商以易货或联销贸易方式经营，其管理办法由贸易部制定。

5. 海关管理体制

政务院于1951年先后颁布了《中华人民共和国暂行海关法》、《中华人民共和国海关进出口税则》和《中华人民共和国海关进出口税则暂行实施条例》。《中华人民共和国暂行海关法》对海关的组织结构、任务和职权，进出口货物的监管，过境和转运货物的监管，进出口货物的报验、征税、保管和放行，走私和违章案件及其处理等做出了全面的规定，是海关执行监管任务的基本法律依据。

6. 进出口商品检验管理体制

新中国成立后，人民政府接管了国民党政府的商品检验局，在贸易部对外贸易司设立了商品检验处，统一领导全国的商检机构和业务，并在天津、上海、广州、青岛、汉口、重庆等地先后设立了商品检验局和四个商检处，建立了独立自主的国家商检机构。1950年3月，贸易部召开了全国商检工作会议，制定了《商品检验暂行条例（草案）》和《商品检验实施细则》，以取代各地商检局分别制定的一些规定，统一了全国进出口商品检验规章制度。1951年11月，《商品检验暂行条例（草案）》经过修订，由政务院财政经济委员会公布了《商品检验暂行条例》。1952年对外贸易部成立后，设立了商品检验总局，统一领导和管理全国的进出口商品检验工作。[①]

第四节　统管体制下的外贸企业

按照"公私兼顾"的原则，在国民经济恢复时期，中国对外贸易实行的是国营经济领导下的多种经济成分并存的经营贸易体制。根据当时的外贸统计，按经济类型分类划分的外贸经营实体分为五大类：国营、私营、公私合营、合作社经营、其他。其中，国营包括中央国营（直接经营、委托经营）、地方国营；私营包括华商经营、外商经营、中外合营（参见表1.6）。在以上五大类经营成分中，以国营和私营为主，后三者的比重较小。国家对各类经营成分的经营实行监督指导，并逐步将其纳入计划管理的轨道。

表 1.6　1950~1952 年中国对外贸易经营实体分类

实体类别	实体细分
国营	（一）中央国营
	（1）直接经营
	（2）委托经营
	（二）地方国营
私营	（一）华商经营
	（二）外商经营
	（三）中外合营
公私合营	
合作社经营	
其他	

资料来源：《1949~1952中华人民共和国经济档案资料选编·对外贸易卷》，经济管理出版社，1994。

---

① 《中国外贸体制改革的进程、效果与国际比较》课题组：《中国外贸体制改革的进程、效果与国际比较》，对外经济贸易大学出版社，2007。

这一时期，随着国家对外贸易统一管制政策的实施，国营贸易公司在控制经营全部的对社会主义国家进出口的同时，逐步控制了对资本主义国家重要市场的进出口业务。此外，对私营贸易商进行行政管理，也由国营外贸公司领导。因此，1950～1952 年，国营贸易企业对外贸易额增加很快，三年内分别为 276397 万元、498759 万元、600999 万元，占全国对外贸易总额的比重不断提高，分别为 66.5%、83.9%、93.0%。另一方面，私营贸易企业对外贸易额则明显萎缩，三年内分别 139037 万元、95980 万元、45092 万元，占全国对外贸易总额的比重分别下降为 33.5%、16.1%、7.0%（参见表 1.7）。

表 1.7 1950～1952 年中国进出口贸易经营实体变化

单位：万元，%

		1950 年		1951 年		1952 年	
		贸易额	比重	贸易额	比重	贸易额	比重
进出口	总计	415434	100	594739	100	646091	100
	国营	276397	66.5	498759	83.9	600999	93.0
	私营	139037	33.5	95980	16.1	45092	7.0
进口	总计	213493	100	352661	100	374737	100
	国营	165404	77.5	300845	85.3	355850	95.0
	私营	48089	22.5	51816	14.7	18887	5.0
出口	总计	201941	100	242078	100	271354	100
	国营	110993	55.0	197914	81.8	245149	90.3
	私营	90948	45.0	44164	18.2	26205	9.7

资料来源：贸易额来自国家统计局《中华人民共和国商业统计资料汇编（1950-1957）》，1958。比重由笔者计算。

一　国营进出口贸易的经营

1950 年 3 月，政务院决定成立全国范围的国营对外贸易专业总公司，统一贸易商品的对外经营。国营外贸专业总公司主要由两部分实体构成：一部分是原解放区的外贸企业，另一部分是新中国成立后没收原国民政府和官僚资本的外贸企业。到 1951 年，共成立了猪鬃、土产、油脂、茶叶、蛋品、蚕丝、烟叶水果、粮食、矿产、石油、皮毛、工业器材、海外运输等国营外贸总公司。这一时期，因各公司均为初步创立，关系尚未理顺，在各公司的设置、相互间的业务分工等方面时有冲突和调整。1952 年 8 月对外贸易部成立后，对外贸公司按照业务类型进行调整，重新成立了 16 个国营外贸专业总公司。各总公司在各地设有分公司。于是，国营对外贸易的经营体系基本建立。根据公私分工原则，国营外贸公司统一开展对苏联及其他社会主义国家的贸易，并掌控对西方国家的主要商品贸易。国营外贸公司经营的有直接贸易的自营业务，也接受外来委托的进出口业务。由于对外贸易重心的转移，对苏联和东欧国家的贸易量在这一时期快速增长，因而在经营实体成分上表现为国营外贸公司对外贸易的迅速发展。在对西方国家的贸易中，1952 年，海关统计的国营外贸公司的进出口总值为 67125 万元，占对西方国家贸易总额的 54.31%。显然，国营外贸公司在对西方国家的贸易中，也呈后来居上态势。

二　合作社系统的对外贸易

为了便利农产品外销，扩大农副产品的出口，1950 年 9 月，经中央财政经济委员会批准，允许合作经营机构在规定条件内经营部分进出口业务。按规定，全国各主要口岸，包括天津、上海、广州、青岛、武汉，每个地区只允许全国合作社联合总社或各大行政区合作社联合总社设立一个贸易机构，代表该地区合作社经营进出口业务。合作贸易机构经营的出口范围，只限于土产、土产加工品及手工工业品。在国民经济恢复时期，合作社经营的对外贸易比重并不大。据海关统计，1952 年在对西方国家的贸易经营额中，合作社经营的进出口值为 4473.3 万元，占当年对西方国家进出口总值的 3.62%。

三　私营进出口贸易商的经营

1949 年 2 月，中共中央在《中共中央关于对外贸易的决定》中提出：对外贸易应由国家经营和管制。对于国家尚不能经营的某些贸易，以及由私人经营无害或害处不大的某些贸易，应该在国家管制之下允许私人经营。私营进出口贸易商主要存在于各大城市，一般具有较雄厚的资本并建立起了长期的对外贸易客户关系，在新中国成立初期的对外贸易中仍是一支重要的经贸力量。新中国成立后，国家允许私营进出口商继续经营进出口贸易，发挥其在内外交流中的作用，鼓励其与国营外贸公司分工协作，积极拓展对外经贸和国际市场。但政府的对外贸易政策规定，私营进出口贸易商的经营范围一般限于对西方国家开展进出口业务方面。

新中国成立初期的私营进出口贸易商分为在华外商和私营华商。新中国成立初期，全国共有进出口外商 540 余户。1950 年各口岸有经营进出口贸易的外商 426 户，1951 年为 325 户，主要集中在上海、广州。据海关统计，外商直接经营的进出口贸易总额，1950 年为 4996 万美元，1951 年为 1591 万美元，1952 年为 524 万美元，分别占各年对西方国家贸易总额的 6.52%、1.73%、0.96%。华商的外贸经营主要是对西方国家。据海关统计，在 1952 年对西方国家的贸易中，私营进出口总值为 44833 万元，占全部对西方国家进出口总值的 36.27%，其中华商占 35.31%。1952 年，地方公私营（包括合作社）对西方国家进口总值为 1.22 亿美元，其中私营进口占 28.58%；出口总值为 1.43 亿美元，其中私营占 47.95%。

四 进出口同业协会的合营联营

为了在复杂变化的国际形势下有组织、有计划地团结一切公私对外贸易力量，步调一致地开展对外贸易工作，特别是为了避免私营进出口商之间盲目竞争，争取及时进口重要物资，1950 年 7 月，全国出进口贸易会议提出采用"国际贸易研究会""同业公会专业小组""联合经营"几种形式，按各地区不同情况，把公私进出口商组织起来。会议提出：组织"同业公会"和进行"联合经营"要按照自愿原则与具体情况稳步进行。会后，上海、天津、武汉等地都成立了不同形式的进出口同业公会组织，进出口贸易企业不论国营、私营，不论专业、兼业，都加入了同业公会。据海关统计，1952 年在对西方国家的贸易中，公私合营的进出口值为 5580 万元，占当年对西方国家进出口总值的 4.51%。[①]

---

① 吴承明、董志凯：《中华人民共和国经济史（第一卷）（1949—1952）》，中国财政经济出版社，2001。

第五节　国家管制的对外贸易政策[①]

新中国成立前夕，在 1949 年 3 月召开的中国共产党七届二中全会上，毛泽东主席指出："人民共和国的国民经济的恢复和发展，没有对外贸易的统制政策是不可能的。""对内的节制资本和对外的统制贸易，是这个国家在经济斗争中的两个基本政策。"[②] 根据中共中央关于"统制"对外贸易的决策，1949 年 9 月通过的《中国人民政治协商会议共同纲领》规定："实行对外贸易的管制，并采用保护贸易政策。"

20 世纪 50 年代初期，中国实行多种经济成分并存的经济体制，对外贸易则实行国家管制。世界上近乎所有独立国家都不会全面放松对对外贸易的国家管制，但管制的目的、方式、范围不尽相同。经济发达国家管制对外贸易主要是为了保障其商品在国内外有较强的竞争能力，获取高额利润。而包括中国在内的发展中国家实行对外贸易管制主要是为了反对外国资本和经营实体对本国市场的控制，维护本国的经济利益，独立自主地发展国民经济。中国当时的"统制"贸易政策，还担负着反对投机、反对封锁、保护脆弱的国内市场，按计划发展国民经济的任务。

开始实行"进严出宽"的保护贸易政策。1949 年 10 月，政务院财政经济委员会主任陈云强调："进口什么东西，要严加管制；出口的东西要放宽尺度，凡是能够出去的东西，不管鸡毛蒜皮都可以出。这样我们就主动了。"新中国成立初期，中国面临进口需求殷切而出口创汇能力不足的矛盾。为了克服这个矛盾，政府要求对外贸易管理部门和各个国营对外贸易公司贯彻执行"发展经济，保障供给"的经贸方针，把恢复和发展出口商品生产作为首要任务，协助重点生产单位解决困难，改进收购方式，便利和支持出口生产。通过增加出口货源，提高产品质量，逐渐改变和优化出口商品结构来增加出口，换取更多外汇，进口国家建设所需的工业设备。

---

① 对外贸易政策是一国政府为了实现保护本国市场，扩大商品出口，积累资本、技术、外汇储备等目标而制定的有关对外贸易的方针、法规及措施，它决定着一国的关税政策、非关税政策、进出口政策和国别政策。

② 《在中国共产党第七届中央委员会第二次全体会议上的报告》（1949），载《毛泽东选集》，人民出版社，1966。

归纳起来，当时中国政府"统制"对外贸易的目的和方法，主要有以下三个方面。

第一，保护和发展国内工业，依此制定税则、税目、税率，实行进出口贸易的许可制度。这改变了新中国成立前以进口非必需品和消费品为主导的对外贸易状况。《海关进出口税则》充分体现了《中国人民政治协商会议共同纲领》规定的保护贸易政策，确定了如下征税原则：其一，对国内能大量生产的工业品及半成品征收高于进口产品与国内同类产品之间的成本差额的关税；其二，对奢侈品和非必需品征收高于前项产品税率的关税；其三，对国内不能生产或少量生产的设备、工业原料、粮食、种子、化肥、农药、医药品以及科学图书等征收较低关税或减免关税；其四，对来自与中国订有贸易条约或协定国家的产品征收一般正常税率的关税，否则征收高于一般税率的关税；其五，对政府鼓励出口的半成品及加工原料的出口征收较低的关税或免税。

第二，采用各种办法增加出口，同时按需要增加进口。"奖出限入"不是单纯的争取贸易顺差，而是争取宝贵的外汇以大量进口经济建设所需要的物资。

第三，管理好外汇，严格而又合理地使用外汇，以保证必需和急需的设备和原料的进口。1950~1951年，中国虽然还没有颁布全国统一的外汇管理办法，但是已从外币市场管理、供汇结汇制度、外汇指定银行和侨批业[①]的管理三个方面建立起了一套新的管理制度。[②]

第六节 对外贸易体制与实践评价

新中国成立初期的对外贸易体制，从一开始的旧贸易体制改造、公私兼营，逐步转移到全国"统制"的对外贸易体制，有其历史的客观性、偶然性和必然性。虽然国民党政府时期的对外贸易体制与清朝时期、民国初期已有明显的不同，但在对外国资本、外国市场和西方国家依赖过度，外

---

① 侨批业，亦称"侨批局"，专门经营华侨附有信件汇款业务的私人金融业，一般设立在华侨聚居地。
② 董志凯：《跻身国际市场的艰辛起步》，经济管理出版社，1993。

国贸易商对中国对外贸易市场控制力过强方面，则具有共同性。改造过度分散和本国控制力过低的对外贸易状态和体系，符合一个大国对外贸易的利益。

这一时期，由于中国外交的大转向和突然爆发的朝鲜战争，中国的对外贸易环境和方向发生了巨大的变化。为突破以美国为首的西方国家的贸易禁运和封锁，更多更快地转向和做大对苏联和东欧社会主义国家的贸易，需要短时间内组建更多的国营贸易公司开辟新的对外贸易通道。这需要政府加强对外贸易管理、强化外汇管制，以做到扩大出口，积累外汇、节约外汇，用于急需物资的进口。这是对外贸易体制走向统管体制的第一个驱动力。

新中国成立初期的经济混乱局面需要整顿和管制，自然把对外贸易的改造与管制纳入监管范围，海关的统管和对外贸易的统管有了强化的理由。在清理旧体制的过程中，中国政府同时考虑到了外贸体制如何进行社会主义改造的体制、政策和措施，改革的大方向按苏联社会主义模式自然是追崇计划与统一的统管贸易体制。这是对外贸易体制走向统管体制的第二个驱动力。

对当时以农业经济为主体，工业十分落后的中国经济而言，没有一个方案比快速发展工业制造业对政府更有吸引力。如何在较短的时间内动员和收聚工业投入资本，一个可行的办法是政府实行统一集中的经济统管模式，对外贸实行更多的统管控制，通过政策动员出口更多的土特产品，换取更多的外汇用于进口机器和设备。这是对外贸易体制走向统管体制的第三个驱动力。

统管体制从短期来看，有频率高和集中资源干大事的优势，在当时的格局下，对中国战后经济的恢复和工业的发展以及突破外围封锁都起到了积极作用。在恢复时期，中国对外贸易事业获得了很大的发展。到1952年，中国先后同苏联、波兰、匈牙利、罗马尼亚、保加利亚、民主德国、捷克斯洛伐克、阿尔巴尼亚、朝鲜、锡兰（今斯里兰卡）、缅甸、印度、巴基斯坦，以及英国、法国、瑞士、联邦德国、芬兰、荷兰、智利、日本等国通商贸易。中国按照国内生产和消费需要，有计划地组织进出口，大力推销农副产品及国内滞销产品，大量进口国内急需的生产资料、工业原料及部分生活必需品。这对繁荣本国市场和经济起到了积极的推动作用。1948年，世界贸易总额为 1200 亿美元，中国对外贸易总额为 9.07 亿美元，中国占当年世界贸易额比重为 0.76%；到了 1952 年，世界贸易总额为 1700 亿美元，中国对外贸易总额为 19.4 亿美元，中国占当年世界贸易额比重上升至 1.14%。

1950 年前，中国的对外贸易几乎年年出现逆差。1950 年后，由于加强对外贸易管制，当年就开始扭转长期贸易逆差的状况，实现了贸易顺差。同时，对外贸易的商品结构也得到了优化。新中国成立前进口货物中，各种消费品烟、酒、化妆品等数量过大，占比过高。新中国成立后，进口商品中奢侈品几乎绝迹，取而代之的是占比较大的机器设备等生产资料。出口结构同时得到优化，出口商品中，农副产品及加工品的比重从 90.7% 下降到 82.1%，工矿产品的比重从 9.3% 上升为 17.9%。

当然，转向全面的对外贸易管制并非只有优点而没有缺点。短期看，效果是明显的，但长期看，统管体制抑制了贸易自由和贸易效率，形成吃"大锅饭"的低激励模式，从而容易导致贸易市场拓展积极性不高，贸易经营创新不足，对外贸易发展相对缓慢等问题。

第二章　对外贸易从统管体制走向计划体制
（1953～1966）

第一节　对外贸易背景

经过 1949～1952 年国民经济恢复期后，中国经济开始进入全面好转阶段。1953～1966 年，中国的国民经济走的是一条曲折探索的道路。这一时期可细分为发展期、困难期和调整期。

一　第一个五年计划，1953～1957 年的发展时期

中国从 1953 年开始进入大规模的经济建设时期。中共中央在这一年制定了国民经济发展第一个五年计划，其主要任务是：建设限额以上工业项目 694 个，集中力量建设由苏联援建的 156 个建设项目为中心，开展中国社会主义工业化基础体系建设。"一五"时期，中国重点建设的重工业项目包括：钢铁 15 个、电力 107 个、机械制造 63 个、电讯 18 个、化工 15 个、煤炭 195 个、石油 13 个；轻工业项目包括：食品 34 个、医药 4 个、造纸 10 个；其他项目 220 个。

"一五"期间，为配合国民经济的发展，满足国家建设的需要，奠定社会主义工业化的基础体系，中国大力调整了对外贸易的方向和结构，发展了同苏联、东欧国家的贸易经济关系。同时，随着中国外交困境趋缓，拓展了与东南亚国家、西方国家的贸易，进口了橡胶等一批重要物资。至 1957 年，生产资料进口的比重已高达 92%，其中机械设备的比重达 52.5%。中国的出口贸易，在工农业得到恢复和发展的基础上，有了很大的增长，出口商品结构也向优化的方向转变。

二 第二个五年计划，1958~1961 年的困难时期

中国第二个五年计划的主要任务之一，是继续进行以重工业为中心的工业建设，推进工业技术改造，建立中国重工业体系基础。这一时期，中国对外贸易的任务是有计划地扩大出口，换取外汇，保证国家建设所需要的重点机械设备和原材料的进口，维护进出口贸易平衡并略有结余。"二五"提出了经济发展的系列指标，但由于 1958 年开始的"大跃进"运动和后来的"反右倾"运动，"二五"计划在执行中出现了冒进行动，许多计划指标不断修改并大幅度提高。激进的"左"倾冒进思想和行动导致国民经济出现了严重的比例失调，财政连年出现赤字。祸不单行，此时期中国还遭遇了从 1959 年开始的连续三年的困难时期，1960 年中苏关系突然恶化。在外忧内患的共同作用下，中国的经济建设已无法按照第二个五年计划的部署执行。1958~1962 年，国民经济呈现新中国成立以来最差的发展状况，国内生产总值平均增速为-2%，总产值年均增长 3.8%，农业总产值年均增长-4.3%，财政收入年均增长 0.2%。

国民经济的波动与困难直接影响了对外贸易。由于 1958 年的"左"倾"大跃进"思想，政府同样拔高了对外贸易指标，结果是对外贸易出现大幅度波动。1959 年对外贸易总额猛增到 43.8 亿美元，比 1957 年增长 41.3%。随着"大跃进"的失败，中国与苏联国家关系的急剧恶化，中国对外贸易也跌入低谷，1960~1962 年对外贸易出现明显下滑，1962 年对外贸易额下降到 26.6 亿美元，几乎倒退到 1954 年的水平。

三 1962~1966 年，国民经济调整时期

困难的经济局面使中国政府决定对经济计划、政策和措施实行调整。1960 年 9 月，国家计委在《关于一九六一年国民经济计划控制数字的报告》中提出了国民经济"调整、巩固、充实、提高"的八字方针，后被中国共产党八届九中全会正式批准，中国经济正式进入调整时期。此时期，对外贸易的主要任务是大量进口粮食和其他市场物资，进口化肥、农药等支援农业生产，切实改善人民生活；千方百计地增加出口货源，扩大对资本主义国家的出口，提前偿还对苏联的债款。为了适应当时国际形势变化，克服国内经济困难，中国对外贸易的重点开始从对苏联和东欧国家的贸易转

向对西方国家的贸易。1963~1965 年，中国进出口开始回升，并对整个国民经济的恢复、调整和发展发挥了重要作用。

第二节　对外贸易状况

1960 年，随着中苏关系的恶化，中国对苏联和东欧国家的贸易急剧下降，新中国的对外贸易遭遇了第一次较大的挫折。在这一局势下，中国在坚持对港澳地区长期稳定供应、贸易，积极发展同亚非拉民族独立国家开展贸易的同时，积极打开对西方国家的贸易通道。此时期，中国同日本和西欧的贸易取得了突破性进展。1963 年，中国同日本签订了第一个采用延期付款方式进口维尼纶成套设备的合同，打开了西方国家从技术上封锁中国的缺口。1964 年，中国与法国建交，中法两国间贸易迅速发展，带动了西欧国家的对华贸易。为了抵偿从西方国家进口的外汇减少，中国改进了出口商品的生产工艺，使商品的品质、规格、花色、品种等各个方面能适应西方国家市场的需要，逐渐在日本、西欧国家等市场上打开了销路。除新增加出口搪瓷制品、球鞋、皮件、闹钟、洗衣粉、人棉纱布、涤纶布、珠宝首饰等外，原有出口的棉纱、棉布、针棉织品、罐头、缝纫机、自行车等的出口数量大幅度增长。重工业产品出口也有所发展，增加了部分化工产品和拖拉机、工具、小五金、煤炭等的出口。至 1965 年，中国与西方国家的贸易总额占中国贸易总额的比重，已经由 1957 年的 17.9% 上升到52.8%，中国对外贸易总额也迅速回升到 42.5 亿美元，比处于低谷期的1962 年增长了 59.8%，贸易的地区结构和商品结构也发生了明显的变化。有了出口增长的保障，中国提前还清了对苏联的全部债务。

一　总体状况

就整个时期而言，1953~1966 年中国对外贸易总额保持较快增长，但外贸总体规模依然不大，年均贸易额仅为 106.8 亿元，占世界贸易额的年均比重仅为 1.27%。从贸易平衡表看，从 1956 年开始，中国除 1960 年贸易轻微逆差外一直保持贸易顺差状态。这一时期，由于国内经济波动强烈，中国对外贸易波动也很大，总体情况是前期发展良好，中期负增长，后期又恢复快速增长（参见表 2.1）。

表 2.1 1953～1966 年中国进出口贸易总额

年 份	人民币（亿元）				美元（亿美元）			
	进出口总额	出口总额	进口总额	差额	进出口总额	出口总额	进口总额	差额
1953	80.9	34.8	46.1	-11.3	23.7	10.2	13.5	-3.3
1954	84.7	40.0	44.7	-4.7	24.4	11.5	12.9	-1.4
1955	109.8	48.7	61.1	-12.4	31.4	14.1	17.3	-3.2
1956	108.7	55.7	53.0	2.7	32.1	16.5	15.6	0.9
1957	104.5	54.5	50.0	4.5	31.0	16.0	15.0	1.0
1958	128.7	67.0	61.7	5.3	38.7	19.8	18.9	0.9
1959	149.3	78.1	71.2	6.9	43.8	22.6	21.2	1.4
1960	128.4	63.3	65.1	-1.8	38.1	18.6	19.5	-0.9
1961	90.7	47.7	43.0	4.7	29.4	14.9	14.5	0.4
1962	80.9	47.1	33.8	13.3	26.6	14.9	11.7	3.2
1963	85.7	50.0	35.7	14.3	29.2	16.5	12.7	3.8
1964	97.5	55.4	42.1	13.3	34.7	19.2	15.5	3.7
1965	118.4	63.1	55.3	7.8	42.5	22.3	20.2	2.1
1966	127.1	66.0	61.1	4.9	46.2	23.7	22.5	1.2

资料来源：国家统计局国民经济综合统计司编《新中国五十年统计资料汇编》，中国统计出版社，1999。

二 主要贸易伙伴

新中国成立初期的 20 世纪 50 年代，由于西方国家对中国采取敌视、封锁政策，中国对外贸易的主要伙伴是苏联和东欧社会主义国家，其次为香港、澳门地区和东南亚国家。西方国家主要有英国、瑞士、芬兰、法国、意大利、日本等。统计数据显示，1953～1960 年，中国对苏联的进出口总额一直位居第一，且占中国进出口总额的 50%。因此，"一五"时期，中国的主要贸易伙伴是苏联和东欧国家。

进入 20 世纪 60 年代以后，中国同苏联关系突然恶化。苏联终止了同中国的大量经济合作，撤走了大批援华专家，停止了对中国的经济援助。虽然短期内苏联仍是中国最大的贸易伙伴，但情况开始发生改变，中国对苏联的贸易额不断减少。东欧国家由于大多追随苏联，此时也减少了同中国的贸易。因此，中国与苏联、东欧国家的贸易额开始大幅度下降，中国的贸易伙伴开始逐步转向发展中国家和西方发达市场国家。在此时期，中国积极发展了同日本、西欧国家的经贸关系。到 1965 年，同中国有经贸关系的国家和地区发展到 118 个。中国内地与香港的贸易首次超过苏联，因此香港跃居为第一贸易伙伴，而苏联则跌至第三位，居于日本之后。

中日两国在 1960 年前几乎没有经济联系，即便是少量的贸易也大多是民间经济来往。1958～1960 年，两国的民间贸易甚至被迫中断。从 1960 年开始，在中国政府的支持和协助下，中日民间贸易开始恢复，从而使日本在中国的贸易伙伴中占越来越重要的位置。西欧大多数国家在 20 世纪 60 年代仍然追随美国围堵和封锁中国，但是随着欧洲经济的恢复和发展，欧洲经济共同体的形成，与中国的外交关系开始改善。1964 年中法两国发表了建交联合公报，两国贸易迅速增长，法国因此成为中国重要的贸易伙伴，并带动中国与欧共体国家在贸易上取得积极进展。

三　对外贸易结构与方式

（一）对外贸易商品结构

1. 出口商品规模及结构

中国的出口商品结构在此时期发生了显著变化，由新中国成立初期以出口农副产品为主，转变为以出口工矿产品、农副产品加工品为主。1953年，中国出口商品中农副产品仍占 55.7%，工矿产品和农副产品加工品占44.3%。1957 年，中国出口商品中，工矿产品和农副产品加工品占 59.9%，农副产品占 40.1%。至 20 世纪 60 年代中期，农副产品出口总金额虽然保持增长，但在出口值中所占的比重仍进一步下降。1965 年，中国出口商品中，工矿产品和农副产品加工品占 66.9%，农副产品下降到 33.1%。中国出口商品结构虽然发生了上述的明显变化，但在工矿产品的出口中，机械设备和化工产品所占的比重很小，出口的工业制成品中主要是轻纺产品，例如棉布、棉织品、棉针织品、服装、绸缎、搪瓷制品、皮件等。出口的矿产品除了石油外主要是有色金属和燃料，如煤炭、钨砂、锡等。"一五"期间，中国的出口商品主要集中在农产品、副食品、日常用品等初级农副产品，比重超过八成。这表明中国当时的经济结构和生活水平比较落后。

整体上看，1965 年之前，初级产品出口所占比重逐步下降，由 1953 年的 79.4%下降到 1957 年的 63.6%和 1965 年的 51.2%；而工业制成品出口的比重逐步上升，同期占比分别为 20.6%、36.4%、48.8%。1965 年以后，工业制成品出口的比重有所下降，但基本稳定（参见表 2.2）。

表 2.2　部分年份中国出口商品结构

单位：亿美元，%

			1953 年	1957 年	1965 年	1966 年
出口总额			10.22	15.97	22.28	23.66
初级产品	金额		8.11	10.15	11.41	14.27
	比重		79.4	63.6	51.2	60.3
工业制成品	全部	金额	2.11	5.82	10.87	9.39
		比重	20.6	36.4	48.8	39.7
	其中：重化工业品	金额	0.85	1.61	3.96	2.78
		比重	8.3	10.1	17.8	11.7
	轻纺工业品	金额	1.26	4.21	6.91	6.61
		比重	12.3	26.4	31.0	27.9

注：商品构成按《国际贸易标准分类》划分。

资料来源：《中国对外经济贸易年鉴 1989》，中国展望出版社，1989。

1961~1965 年，中国对外贸易在进出口商品结构和国别地区方向上进行了大幅度调整，坚持"吃饭第一，建设第二"的方针。为配合整个国民经济进一步调整，对外贸易部门积极开拓出口资源，努力扩大工矿产品出口，在主要农副产品出口减少、侨汇收入减少、苏联逼债的情况下，多渠道增加工业加工产品的出口，保持了外汇收支平衡。

2. 进口商品规模及结构

新中国成立以后的进口商品一直以生产资料为主。1952~1966 年，在冶金、机械、汽车、石油、电力、电讯、化工、矿山、电子和精密机械等方面进口的成套设备和引进的技术，对形成中国工业基础和提高生产能力起到了重要的促进作用。此时期，中国还进口了大量的工农业发展所需的生产资料，例如机械、船舶、钢材、拖拉机、铁砂、铝、铜、橡胶、纸浆、化肥、农药等。

"一五"时期，进口什么、进口多少完全由政府根据国内经济建设的需要决定，贸易企业没有自主权。这一时期，进口仅以调剂余缺为目的。其后，为了满足人们不断增长的物质和文化生活的需要，支援国内市场，对生活资料的进口在数量和品种方面都有所增加。1950~1959年，进口商品中，生产资料大约占91.5%，生活资料约占8.5%。1960~1969年，进口商品中，生产资料大约占71.6%，生活资料约占28.4%（个别年份情况见表2.3）。相对之下，新中国成立第二个十年，生活资料的进口有了一定程度的增加。

表 2.3　1953~1966 年部分年份中国进口商品构成

单位：%

年份	生产资料					生活资料
	全部	机械设备	生产原料			
			合计占比	工业原料	农用物资	
1953	92.1	56.6	35.5	33.7	1.8	7.9
1957	92.0	52.5	39.5	34.6	4.9	8.0
1965	66.5	17.6	48.9	40.1	8.8	33.5
1966	72.2	22.3	49.9	40.9	9.0	27.8

资料来源：《中国对外经济贸易年鉴1989》，中国展望出版社，1989；赵继昌《七年来我国对外贸易的重大变化的发展》，载中华人民共和国对外贸易部编《对外贸易论文选第三集》，财政经济出版社，1957；根据《中国对外经济贸易年鉴1984》（中国对外经济贸易出版社，1984）有关数字计算而得。

（二）对外贸易方式

"一五"期间，一般贸易是中国对外贸易的主体方式，达到90%以上（参见表2.4）。此时期，新中国刚刚成立不久，经济基础十分薄弱，除了资源类产品可以出口外，其他的制造品没有剩余可以出口，也没有出口竞争力。加之与国外的经济合作不多，加工业不发达，结果自然是出口产品集中在农产品、资源类等初级产品。

表 2.4　中国对外贸易方式

单位：%

方式	1953 年	1954 年	1955 年	1956 年	1957 年
一般贸易	99.3	98.5	98.5	98	97.3
其他贸易（包括加工贸易）	0.7	1.5	1.5	2	1.7

资料来源：张曙霄《中国对外贸易结构问题研究》，东北师范大学博士学位论文，2002。

　　1961~1965 年，中国开始重视加工贸易，准确地说是重视进料加工出口的加工贸易。其间，国家给予加工贸易许多优惠支持政策。1961 年国务院财贸办公室在向中共中央提交的《关于一九六一年对外贸易工作安排意见》中阐述：1961 年的进出口贸易，要贯彻执行中央确定的"吃饭第一，建设第二"的精神，出口方面，考虑农业已连续两年减产，将大幅降低主要农产品的出口数量，大幅增加用进口原料加工出口的商品，即"以进养出"的商品。1963 年 1 月 2 日，中共中央批转国务院财贸办公室《关于一九六三年财政、信贷、外汇、市场平衡问题向中央汇报的提纲》指出，1963 年要适当扩大对外贸易，"以进养出"，利用记账外汇余额，再多进口棉花 2 万吨，加工成棉织品，用来出口，或者用来换购国内农副产品出口。

第三节　对外贸易管理体制

　　随着中国社会主义改造的深化，国营贸易公司在全国外贸总额中的比重不断上升，1953 年为 92.7%，1954 年为 98.3%，1955 年上升到 99.2%。1956 年，中国对私营贸易商进行了社会主义改造，通过对他们支付"定息"的赎买方式，使私营贸易商的资产转归国营外贸公司支配。因此，这一时期全国大陆除西藏还继续存在私营和外商经营的进出口业务外，国营外贸公司的对外贸易已处于"统制"地位。1956 年，中国完成了所有制方面的社会主义改造，全国的对外贸易均由对外贸易部统一领导、统一管理，各项进出口业务均由各外贸专业公司统一经营，实现了国有外贸专业公司对外贸的垄断经营。

一　外贸经营和管理机构建设

1. 建立起集中统一的外贸行政管理机构体系

自 1952 年对外贸易部成立后，逐渐组建地方外贸管理机构。1954 年各大行政区撤销后，在一些省、市建立了对外贸易局。此后各地外贸行政管理机构继续有所调整和变动，主要发展趋势是在全国建立"条块结合，条条为主"的集中统一的外贸行政管理机构体系。

2. 设立主要按商品经营分工的国营外贸公司

随着对外贸易业务的发展，迫切需要专业化的分工，以提高进出口贸易的效率。1953 年，对外贸易部原有公司主要按商品的经营分工进行调整和改造，更新组建了 14 个专业进出口公司，以及分管海运和陆运的两个外贸运输专业公司。后来各个外贸专业公司又进行了多次调整，并逐步在各地建立了分支公司。国营对外贸易专业公司的具体名单为：（1）中国机械进口公司；（2）中国五金进口公司；（3）中国运输机械进口公司；（4）中国仪器进口公司；（5）中国技术进出口总公司；（6）中国进出口公司；（7）中国粮谷油脂出口公司；（8）中国食品出口公司；（9）中国土产出口公司；（10）中国杂品出口公司；（11）中国畜产出口公司；（12）中国茶叶出口公司；（13）中国丝绸公司；（14）中国矿产公司；（15）中国对外贸易运输公司；（16）中国租船公司。

3. 建立驻外贸易管理机构

随着对外贸易的发展，中国和亚、非、东欧国家以及部分西方国家建立了广泛的贸易关系，并在这些国家设立了驻外商务机构，先后在中国驻波兰、捷克斯洛伐克、民主德国、匈牙利、罗马尼亚、保加利亚、朝鲜、蒙古国、越南等大使馆设立了商务参赞处或商务参赞。1956 年中国在南斯拉夫大使馆设立了商务参赞处。此外，在中国驻印度、印度尼西亚、缅甸、巴基斯坦、阿富汗、尼泊尔、锡兰（今斯里兰卡）、芬兰、瑞士、丹麦、荷兰和瑞典等国大使馆和中国驻英国代办处设立商务参赞；在埃及、叙利亚和黎巴嫩设立了商务代表处。

4. 建立对外贸易争议解决机构

为了满足中国对外贸易日益发展和公平解决对外贸易争议的需要，政务院在 1954 年 5 月 6 日第 215 次政务会议中，通过了《关于在中国国际贸易促进委员会内设立对外贸易仲裁委员会的决定》，规定了中国对外贸易仲裁委员会的组织和职权，确定了审理争议程序的基本原则。同时，制定了执行仲裁裁决的办法。中国国际贸易促进委员会根据这个决定，选定了仲裁委员会的委员，制定了仲裁程序暂行规则，并在1956年4月9日正式成立对外贸易仲裁委员会。

二　对外贸易制度建设

为了加强外贸的计划管理，1955年7月30日第一届全国人民代表大会第二次会议通过的《中华人民共和国发展国民经济的第一个五年计划（1953—1957）》的第六章第二节规定，要"巩固国家对对外贸易的管制"，"实行统一定货的审核制度，克服盲目定货的现象。统一外汇的管理，严格地节约外汇的使用，保证经济建设的必需物资的进口"，同时要"改善对外贸易的管理工作和组织，指导和调节私营进出口商的贸易活动"。

在外贸制度建设方面，加大制定和实施外贸法律法规力度。1953~1957年制定发布的主要外贸法律法规有：

对外贸易部发布《商品检验局公证鉴定实施细则》（1954年9月21日）；

对外贸易部发布《输出输入商品法定检验实施细则》（1955年1月29日）；

对外贸易部发布《海关对进出国境旅客行李物品监管办法》（1956年2月20日）；

对外贸易部发布《进出口货物许可证签发办法》（1957年1月23日）。

此外，在这一阶段，中央人民政府和所属外贸、金融、海关等有关职能部门还根据《中国人民政治协商会议共同纲领》的规定，制定了一系列关于外贸企业、进出口商品管理、外汇、海关、商检、涉外仲裁等的法规，形成一套基本完整的对外贸易法律、法规体系。

三　对外贸易管理机制建设

1. 对私营进出口企业进行社会主义改造和替代

1953年，中国共产党提出了过渡时期总路线，同年10月16日，中共中央做出《关于粮食的计划收购和计划供应的决议》，指示："对私营进出口商，必须进一步加强国营贸易经济对他们的领导，严格实行对外贸易管制，并采取逐渐地稳步地代替的方针。"遵照中共中央的指示，1953年开始，国家对一些重要产品实行统购统销和计划供应，加强对出口商品的控制，逐步缩小私营企业经营范围，并基本停止对进口企业批汇；在信贷、税收、价格方面对私营企业加强限制。同时，国营外贸公司对私营企业实行"按行规口，统一安排"，采取联购物资、联合出口、委托代理、公私联营等形式，帮助私营企业解决组织货源等方面的困难，加强对其业务经营的领导，以促进对私营企业的社会主义改造。到1955年底，私营进出口企业由1950年的4600家减少到1083家，从业人员由3.5万人减少到9994人，资本由1.3亿元减少到4993万元，其进出口额在全国进出口额中的比重由31.6%降到0.8%。1956年，在资本主义工商业的社会主义改造高潮中，私营进出口企业也迅速实现了全行业公私合营，全国共成立了54家公私合营专业进出口公司，少数企业直接并入国营外贸公司。至1957年，中国在对外贸易领域已基本上完成了对生产资料私有制的社会主义改造，全面建立起社会主义对外贸易体系。

2. 创立广交会——打开新中国对外贸易的第一扇窗

1957年4月，在周恩来总理的亲自过问下，首届中国出口商品交易会在广州中苏友好大厦成功举办。随着第一届中国出口商品交易会（广交会）的举行，中国主动打开了对外贸易、经济合作的第一扇窗。第一届广交会有19个国家和地区的1223名客商参与，签约成交金额1800余万美元。加上当年秋季的广交会，这一年的两届广交会出口成交总额占全国当年出口额的20%。此后，广交会每年春秋举办两届，发挥中国对外出口"窗口"的作用，并承担"让世界了解中国，让中国走向世界"的开放职能。广交会是特殊历史时期的产物，其创办对中国外贸体制、出口展会模式和对外交流模式都产生了深远影响。

3. 建立出口商品生产基地

为了进一步扩大出口商品生产，中国在此时期开始建立出口商品生产基地。1960年4月8日，周恩来总理在对外贸易部《关于成立生产基地局和抽调干部问题的请示报告》上批示："对外贸易部搞出口商品生产基地和基本建设很有必要。"次年5月，陈云指出："为了多出口，就必须根据国际市场的要求组织生产，搞好出口商品的基地。"1963年，李先念进一步指出，外贸需要搞基地，国外销路好的商品要发展基地。他要求中共各部门、各地区支持这项工作。在这些指示指导下，中国于1960年起建设了一批商品生产基地和专业工厂。

第四节　对外贸易政策

新中国成立初期，中国对外贸易的基本任务是：根据进口需要、出口扩大和外汇收支平衡的原则，积极有计划地组织国内外经济交流、扶助国内工业、农业和副业生产的发展，集中力量为中国社会主义工业化服务。在这一总目标下，适当进口一些恢复和发展轻工业、交通运输业、农业和广大人民生活需要的物资和商品。此时期的中国对外贸易政策，是根据上述任务要求，配合和平共处的外交方针所制定，实行对外贸易管制和保护贸易的政策，防止西方国家的经济垄断和控制。在国民经济恢复及第一个五年计划时期，中国的对外贸易主要执行这一贸易政策，但经济形势的变化，在具体执行中有所调整和补充。

第一阶段——20世纪50年代。虽然这一时期复杂的国内建设形势及对外关系促使贸易政策不断调整，但贸易政策大方向未变、贸易地理方向相对单一。从对外关系大格局看，这一时期对外贸易的基本原则与国家处理对外关系和经济发展的基本原则一致。1954年6月，经周恩来总理提议，中国同印度、缅甸共同倡导以和平共处五项原则作为国际关系的准则，即互相尊重主权和领土完整、互不侵犯、互不干涉内政、平等互利、和平共处，并于同年9月载入新中国第一部宪法。平等互利原则反映了国际正常发展商品交换和经济技术交流的客观要求，在对外经济关系方面体现了社会主义中国独立自主的和平外交政策，成为中国建立和发展对外贸易关系的基本原则。

从外贸具体原则来看，适当进口、鼓励出口的目标明确。1953年，中国开始进行工业化建设，为了进口大量生产建设物资，迫切需要扩大出口。为此，中共中央于同年10月、11月在《关于粮食的计划收购和计划供应的决议》和《关于在全国实行计划收购油料的决定》中发出指示，要求"密切内外销结合，扩大内外交流，保证供应工业建设的物资需要"，"凡对国计民生关系重大的商品（如粮食、大豆、植物油等），保证国内供应是需要的，但不能只强调这一方面……还必须想尽一切办法挤出来，以供应出口；凡对国计民生关系较小的商品，应积极组织出口；有些商品（如肉类、花生）更可适当节减国内消费，以满足出口需要"。中共中央上述指示的基本精神，是在保证国内市场基本需要的同时，尽量挤出一些物资和商品来扩大出口，从而兼顾人民生活和国家建设。这些指示在对外贸易工作中得到了认真贯彻执行，后来形成了处理内销与外销关系的三条原则：一是有关国计民生的重要物资，限量出口；二是国内市场和出口都需要而货源较紧的商品，要积极发展生产，挤一部分出口；三是国内市场可多可少的商品基本供应出口。

到 20 世纪 50 年代中期以后，中国的出口贸易政策为适应经济建设要求进行了一定调整，体现在进出口计划和商品结构调整上。主要表现是，在出口贸易额构成上，工矿产品的比重逐渐增多，1952 年工矿产品出口额在出口总额中所占比重为 17.9%，1957 年提高为 28.4%。为了照顾国内需要，1957 年对粮食、猪肉、食用油等生活消费产品出口数量进行了调整，其中粮食为 190 万吨，比上年减少 54 万吨；猪肉为 7.7 万吨，比上年减少 8.5 万吨。

1959 年后，外贸工作确立的是"实事求是，量力而行"的原则。自1958 年开始，在全国范围开展的"大跃进"及由此带来的高指标和浮夸风迅速蔓延到对外贸易领域。1958 年 2 月，对外贸易部提出了脱离客观实际的"大进大出"的口号。在盲目扩大进口的同时，超越国力扩大出口。为了"大进"，不顾出口创汇的可能，不讲求进口货物质量，甚至到国外"扫仓库"，把人家积压的低劣东西也买进来。为了"大出"，签订大量出口合同而不认真落实货源。在"以收购来促进推销"的口号下盲目收购，甚至出现了"指山买矿、指河买鱼"等浮夸现象。1959 年 4 月 27 日李先念就指出，"大进大出"的方针没有考虑对外贸易工作的特点和国外市场容量不能迅速增长的客观情况，同时这个方针没有考虑国内出口资源供应的实际可能性，出口合同订得过大往往不能履行。为了坚决纠正对外贸易中的浮夸盲目现象，周恩来总理要求外贸经营管理部门进出口多少必须实事求是，量力而行，在计划一经确定之后要保证五先，即保证出口商品安排在先、生产在先、原材料和包装物资供应在先、收购在先、安排运输力量在先。

这一时期，从中国对外贸易地理来看，前期单一性比较明显，后期多元化发展趋势明显。20 世纪 50 年代初，西方国家对中国的封锁、禁运，使中国的对外经济基本上局限于与苏联、东欧国家合作，采取"一边倒"的外贸政策。这迫使中国与西方国家的政治与外交对立进一步恶化，在贸易政策上曾主张限制与西方国家的经济关系。但抗美援朝战争结束后，联合国中大多数国家的对华贸易禁运开始松动。1954 年，在毛泽东根据国际形势出现的有利变化提出积极改善与西方国家关系的思想后，中央领导同志更多地强调发展与西方国家经济关系的重要性。1954 年日内瓦会议以后，中国同亚、非国家以及西方国家的贸易有了较大的发展。英国于 1957 年 5 月 30 日宣布解除对中国的"禁运"，放宽到对苏联和东欧社会主义国家"禁运"的水平。随后，除美国外，法国、联邦德国、意大利、比利时、荷兰、卢森堡、挪威、丹麦、葡萄牙等西方国家和日本也相继宣布了放宽对中国的"禁运"。同时，中国利用各种机会和途径，争取和团结其他西方国家工商界及开明人士，以民促官，推动了中国同日本、西欧国家的民间贸易以至官方贸易。1957 年，中国同亚、非国家以及西方国家的贸易总额已经超过 1950 年的水平。

20 世纪 50 年代，中国内地同香港、澳门地区的贸易也得到很大发展。新中国成立后，中国政府一直把开展内地同港澳地区的贸易作为发展中国对外贸易的一个重要组成部分。1954 年，对外贸易部召开了第一次扩大对港澳出口的工作会议，强调要坚决贯彻执行中共中央关于对港澳地区长期稳定供应的政策，同时积极扩大对港澳出口及经港澳转口东南亚的贸易。经过外贸部门和驻港澳贸易机构的努力，内地对港澳以出口为主的贸易逐年稳步增长。对港澳地区的贸易额，1957 年比 1950 年增长了 22.7%。在这个时期，内地还与港澳贸易商开展了部分的转口贸易。

第二阶段——1960~1966 年。由于对外关系环境的突变，中国对外贸易政策的一大改变是大力支持国营贸易公司向西方拓展市场。这一时期，在中国和苏联关系破裂、中国对苏联和东欧国家贸易急剧缩减的情况下，为了满足经济建设的需要，中国对外贸易的主要对象开始转向西方发达国家和地区。中国对外贸易对西方两个主要市场——日本和西欧，取得了突破性进展。尽管在美国的压力和"禁运"限制下，中国同日本、西欧的贸易仍步履维艰，但发展速度明显加快，取得了积极进展。

第五节　对外贸易体制与实践评价

一　对外贸易体制从"统制"走向"计划"

这段时期，中国对外贸易的经营和管理体制由新中国成立初期的"统管、兼顾"国家统管体制，逐步向高度集中的计划经济管理模式和体制过渡。至 1957 年，对外贸易体制全面完成苏联式社会主义计划管理体制改造，形成国营外贸公司集中统一经营，国家对外贸公司实行指令性计划管理和统收统支、统负盈亏，管理和经营一体化的高度集中的对外贸易体制。在这种外贸体制下，对外贸易被看作社会主义扩大再生产的补充手段，局限于执行国家的对外贸易计划，互通有无，调剂余缺。虽然这种高度统一、高度计划、指令性执行的贸易体制能较好地服务国家意志，较好地服从这一阶段中国加快工业化发展的计划目标，也能迅速地与国家的对外关系调整步伐保持一致，及时开拓新市场，但由于统得过死、指令性僵化运行、责权利不分等，"高度计划"的外贸体制运行死板僵化，市场活跃度低，激励不足。同时，私营贸易商的缺位带来了对外贸易竞争不足、进出口市场需求空间被忽视和无法满足等问题，从而限制了对外贸易的增长速度，阻碍了对外贸易的创新与繁荣。

二　对外贸易在曲折中取得进展

这一时期中国的外贸事业遭遇了"大跃进"挫折，经历了中苏关系恶化的波折，经历了大起大落。但总的来说，对外贸易增长还是保持了一定的速度，取得了一定程度的进展。这些进展表现在贸易地理方面，同时也表现在技术和外资引进方面。

贸易地理方面的突破是重新加强了与西方市场经济国家的贸易往来，并把对外贸易对象扩大到亚、非、拉等国家，成功举办了广交会，全方位拓展了中国对外贸易的空间。

新中国成立初期，由于受到主要西方国家的贸易禁运和封锁，中国的技术引进只能面向苏联和东欧国家。这期间，中国总计以 27 亿美元进口成套设备和技术共 400 多项，包括冶金机械、汽车、煤炭、电力、电信、化工以及一些军工项目，如长春第一汽车厂、沈阳第一机床厂、阜新电站、洛阳拖拉机厂等，为中国建立独立完整的工业体系、发展国民经济奠定了良好的基础。但是，到了20世纪50年代末，由于中苏关系恶化，苏方撤走专家，一些工程被迫中断，中国技术引进工作遭到很大的挫折。60年代，中国技术引进的重点逐步转向日本和西欧国家，主要引进了石油、化工、冶金、矿山、电子和精密机械等84个项目，用汇28亿美元，其中主要是成套设备，并开始引进生产制造技术，加强了中国某些工业的薄弱环节，填补了当时一些技术空白，积累了从发达国家引进技术的经验。

新中国成立初期，中国按照"自力更生为主，争取外援为辅"的建设方针，在利用国外资金为本国经济建设服务方面进行了一些尝试和实践。20世纪50年代，中国从苏联、东欧国家引进资金26亿美元，建成了冶金、机械、汽车、石油、煤炭、电力等156个重点基础项目。中苏关系破裂后的一段时期内，利用外资基本停顿。20世纪60年代，中国利用出口信贷和延期付款方式，从日本、英国、法国、联邦德国、瑞典、意大利、奥地利等国引进了3亿多美元的成套设备；除卖方信贷外，也利用了中国银行在海外的分支机构吸纳的一些外汇。中国引进的这些外国资金，对当时的国民经济发展起到了较大的辅助作用，但由于主要是借用利率高、还款期短的国外商业贷款来发展重工业，引进的资金成本过高，加之当时中国科技落后，国内配套资金严重不足，利用外资的总体效益不是太理想。

三 经验教训：对外贸易必须以经济利益为优先，不能"一边倒"

新中国成立后的最初十年，中国的对外经济基本上局限于与苏联和东欧国家打交道，采取了"一边倒"的外交与外贸政策，以致在中苏关系突然恶化后，中国的对外贸易陷入了相当的困难和被动，给国民经济带来了严重的冲击和损失。这表明，对外贸易首先是"一门生意"，应学习中国古训"不能吊死在一棵树上"。因此，发展对外贸易不能仅仅和一个或几个国家交往，应采取全方位的开放策略，实行多边贸易，做到东方不亮西方亮，维护贸易安全。

回顾1950～1966年的中国对外贸易，发现存在一个现象，即每当中国与外国政治上、外交上出现问题时，随之而来的就是贸易额的大量减少。

新中国成立初期，美国等西方国家对中国实行封锁、禁运政策，中国采取了"一边倒"的外贸政策。此后美国一直对中国持敌视态度，中国也一直抵制美国。这种把经济看成政治的附庸，以政治决定经济的外贸政策和思维显然不利于外贸的正常发展。我们不应该过分强调对外经济关系服从政治、外交斗争，而应该从经济和政治相互作用的宏观视角出发去定位对外贸易，归根结底还是经济决定政治，利益决定外交。

第三章　对外贸易从单边走向多边
（1966～1976）

第一节　对外贸易背景

一　国民经济状况

这一时期，中国经历了"文革"。这是中国国民经济和社会发展较为困难的十年，国民经济遭受重大损失。但经济发展并非完全停滞，也取得了一些重要进展。1976 年与 1966 年相比，工农业总产值增长 79%，年平均增长率为 7.1%；社会总产值增长 77.4%，年平均增长率为 6.8%；国民收入总额增长 53%，年平均增长率为 4.9%。在此期间，工农业生产水平不断上升，除 1967 年工农业总产值比上年下降 9.6% 外，1968 年比上年又下降 4.2%。其余各年均为正增长。1976 年和 1966 年主要产品产量相比，钢增长 33.5%，原煤增长 91.7%，原油增长 499%，发电量增长 146%，农用氮、磷、钾化肥增长 117.7%，塑料增长 148.2%，棉布增长 20.9%，与此同时，农业生产保持了比较稳定的增长。粮食增长 33.8%，油料增长 61.6%。[①] 工业交通、基本建设和科学技术方面取得了一批重要成就。

二　从封闭走向开放的外交路线和国际关系

随着中苏交恶和越南战争的升级，中国面临着美国和苏联两方面的战

---

① 《中国统计年鉴 1981》，中国统计出版社，1982。后面数据不加说明的，均来自此处。

争威胁。1974年2月22日，毛泽东提出了划分"三个世界"[①]和中国永远不称霸的重要思想。据此，中国加强了同第三世界国家的团结与合作，大力支援亚、非、拉人民反帝、反殖、反霸的正义斗争，对于第三世界各国发展民族经济，给予了没有附带条件的尽可能多的援助，组成了世界范围的反帝、反殖、反霸的统一战线。[②]对外工作开始出现了新的局面。在当时世界上民族解放力量与帝国主义力量较量最激烈的中南半岛，中国尽力援助和支持越南、老挝、柬埔寨人民进行抗美救国斗争，直至最后胜利。

由于这些真诚的帮助，许多第三世界国家人民至今都把中国当作他们可以信赖的朋友。在第三世界国家坚持不懈的支持下，1971年中国恢复了在联合国的合法席位，取得了新中国成立以后最重要的外交成绩，国际地位大大提高，国际影响力迅速提升。自通过恢复中国在联合国的合法席位决议之日开始，到1972年底短短的一年多的时间里，同新中国建交、复交或将代办级外交关系升格为大使级外交关系的国家达到27个。同新中国建交的国家迅速增加，形成了新中国的又一个建交高潮。

在这期间，第二个大的外交成绩是逐步实现了与以美国为代表的西方国家关系的正常化。与美国关系好转的背景是，20世纪60年代末，随着美元危机的频繁爆发，布雷顿森林体系命悬一线，越南、老挝、柬埔寨等中南半岛抗美斗争在如火如荼地展开，美国国力出现了明显的相对下降。而苏联在赫鲁晓夫局部改革推动下，经济发展取得了明显的较好成绩，在亚洲、拉美、非洲等地对美国形成战略进攻态势。对此，从1969年起，美国总统尼克松提出了"美、苏、中、欧、日"共治世界的五极世界理论，意图通过与西欧、中国和日本"结盟"，构建一个对苏联进行东西夹攻的战略联盟。[③]这一时期，中国一方面坚持不称霸的思想和和平共处五项基本原则，另一方面又非常灵活地调整了中国的外交政策。1972年2月21日，尼克松访华，双方同意互相发展贸易，取得了新中国成立以后第二个外交大

---

①　1974年2月22日，毛泽东主席在会见赞比亚总统卡翁达时提出了三个世界划分的观点。毛泽东说："我看美国、苏联是第一世界。中间派，日本、欧洲、澳大利亚、加拿大，是第二世界……第三世界人口很多，亚洲除了日本，都是第三世界。整个非洲都是第三世界，拉丁美洲是第三世界。"

②　薄一波：《若干重大决策与事件的回顾（上）》，中共中央党校出版社，1991。

③　夏亚峰：《"尼克松主义"及美国对外政策的调整》，《中共党史研究》2009年第4期。

突破。1972 年 2 月 28 日，中美两国在上海发表了联合公报。在台湾这一关键问题上，美国表示承认一个中国的原则。中美两国 20 多年相互隔绝的状态至此宣告结束，其他西方国家也掀起了与中国建交的高潮。

第二节　对外贸易状况

一　总体状况

在此期间，中国对外贸易虽然没有出现明显的滑坡，但与世界其他国家相比，进入了低潮期。如表 3.1 所示，1966~1976 年，中国对外贸易进出口总额从 46.2 亿美元增加到了 134.3 亿美元，年均增速达到 11.3%，明显快于此前十年 1956~1966 年年均 3.9% 的增速。与此对应的是，1966~1976 年全世界商品贸易总额年均增速为 16.9%，中国比世界平均增速慢了 5.6 个百分点。这导致中国在国际贸易中的地位明显下降。1966 年，中国贸易进口额、出口额占世界货物进口总额、出口总额的比重分别为 1.1%、1.0%，到 1976 年这两个比重分别下降到了 0.7% 和 0.6%。从国别排序来看，1966 年中国贸易进口额、出口额分别位居世界第 20 位和第 16 位，到 1976 年分别下降到第 33 位和第 35 位。

表 3.1　1966~1976 年中国对外贸易规模及增速

单位：亿美元，%

年份	进出口总额	同比增速	进口总额	同比增速	出口总额	同比增速	差额	同比增速
1966	46.2	8.7	22.5	11.4	23.7	6.3	1.2	-42.9
1967	41.6	-10.0	20.2	-10.2	21.4	-9.7	1.2	0.0
1968	40.5	-2.6	19.5	-3.5	21	-1.9	1.5	25.0
1969	40.3	-0.5	18.3	-6.2	22	4.8	3.7	146.7
1970	45.9	13.9	23.3	27.3	22.6	2.7	-0.7	-118.9
1971	48.4	5.5	22	-5.6	26.4	16.8	4.4	-728.6
1972	63	30.2	28.6	30.0	34.4	30.3	5.8	31.8
1973	109.8	74.3	51.6	80.4	58.2	69.2	6.6	13.8

续表

年份	进出口总额	同比增速	进口总额	同比增速	出口总额	同比增速	差额	同比增速
1974	145.7	32.7	76.2	47.7	69.5	19.4	-6.7	-201.5
1975	147.5	1.2	74.9	-1.7	72.6	4.5	-2.3	-65.7
1976	134.3	-8.9	65.8	-12.1	68.5	-5.6	1.7	-173.9

资料来源：《中国统计年鉴1984》，中国统计出版社，1984。

1966~1976年，中国对外贸易划分为衰落和振兴两个阶段的。在第一个阶段中，中国对外贸易陷入了完全停滞，中国进出口贸易总额从1966年的46.2亿美元下降到1970年的45.9亿美元，年均下降0.2%，其中进口在此期间年均增长0.9%，出口在此期间年均下降1.2%。

1971年是个重要的转折年，在这一年中，中国抓住联合国合法席位得以恢复、雷顿森林体系崩溃以后国际经济秩序重整、经济全球化和世界经济多极化等有利时机，积极发展对外贸易和对外经济合作，使对外贸易领域掀起了一个迅速发展的小高潮。据统计，1971~1976年，中国商品进出口总额、进口额、出口额分别取得了年均22.6%、24.5%和21%的高增速。其中1973年中国对外贸易进出口总额、进口额和出口额分别实现了74.3%、80.4%和69.2%的超常规增长。1975~1976年，中国对外贸易再次进入衰退期，进出口贸易总额、进口额和出口额在这两年分别下降了7.8%、13.6%和1.4%。

二 主要贸易伙伴

这一时期，中国的主要贸易伙伴总体比较稳定，伴随着一些新变化。1966年中国的前20位贸易伙伴中，到1976年仍然保留在前20位的有日本、香港、英国、苏联等16个国家和地区，掉出前20位贸易伙伴的是阿根廷、斯里兰卡、巴基斯坦和阿尔巴尼亚四国；新晋前20位贸易伙伴的有美国、荷兰、伊拉克和马来西亚四国。这一时期中国的对外贸易伙伴有如下几个特点。

第一，中国的贸易伙伴正从以社会主义国家为主向以亚洲国家为主转变。1966~1976年，中国与社会主义国家的贸易总额虽然从11.7亿美元增加到 22.5 亿美元，但年均增速仅为 6.8%，比同期中国对外贸易总额年均 11.3% 的增速慢了 4.5 个百分点，其占中国对外贸易总额的比重也从 25.2% 降至 16.7%。其中，曾经作为新中国成立后最大贸易伙伴的苏联，在中苏关系破裂后两国贸易降速最为明显，1970 年以后双边贸易甚至降低到可有可无的程度。统计显示，中苏双边贸易额从 1950 年的 3.38 亿美元，增长到 1955 年的 17.9 亿美元，到 1959 年创下近 21 亿美元纪录后不断下降，1960 年双边贸易额降到 16.6 亿美元，到 1967 年则为 1.11 亿美元，1970 年为 0.47 亿美元，占中国贸易总额的比重已从 1957 年的 57% 降至 1%。此后，随着双边关系解冻、正常化，直到苏联解体，中苏双边贸易额虽有缓慢回升，但双边贸易额占中国对外贸易总额的比重再也没有超过 1972 年的 4%，这与 20 世纪 50 年代中苏"蜜月时期"双边贸易额占中国对外贸易总额 30%～57% 的比重形成了天壤之别。

与此同时，中国与亚洲国家的双边贸易额却在不断攀升。1966～1976 年，中国与亚洲国家双边贸易额从 20.1 亿美元增加到 69.4 亿美元，年均增长 13.2%，比同期中国对外贸易总额年均增速快了 3 个百分点。中国与亚洲国家双边贸易额占中国对外贸易总额的比重不断攀升，1966 年该比重为 43.5%，比 20 世纪 50 年代末 60 年代初的比重增长了一倍多，到 1976 年这一比重已经攀升到 50% 以上，占"半壁江山"。

第二，中国与西方国家的贸易往来逐渐趋于活跃。1966 年，中国与西方发达国家双边贸易额为 19.2 亿美元，1976 年这一双边贸易额增加到 63 亿美元，年均增长 12.6%，比同期中国对外贸易总额 11.3% 的年均增速快了 1.3 个百分点，其占中国对外贸易总额的比重从 41.5% 升至 46.9%。1966～1976 年，中国与日本、中国与联邦德国、中国与法国、中国与澳大利亚等西方发达国家的双边贸易额增长比较明显，其中中日双边贸易额自 1966 年超过中国内地与香港的双边贸易额之后，直到 1987 年，连续 22 年日本保持了中国最大贸易伙伴国地位，1966～1976 年，中日双边贸易额从 6 亿美元增加到 30.4 亿美元，年均增速 17.6%。此外，在这期间，中国与联邦德国双边贸易额从 1.9 亿美元增加到 9.5 亿美元，年均增速为 17.5%；中国与法国双边贸易额从 1.8 亿美元增加到 6.1 亿美元，年均增速为 13.0%；中国与澳大利亚双边贸易额从 1.3 亿美元增加到 4.3 亿美元，年均增速为 12.7%。

第三，中国对西方国家贸易多呈逆差，而对亚洲地区和社会主义国家则多呈顺差。在中国与日本、联邦德国、法国、澳大利亚、加拿大、意大利等多个西方发达国家的双边贸易中，中国在这一阶段显现为持续逆差并有扩大趋势。这既是国际分工的结果，更是由中国经济处于封闭状态，出口商品国际竞争力相比西方发达国家较弱所致。1966~1976年，中国对日本的贸易逆差从6439万美元增至5.9亿美元，增加了8.2倍；中国对联邦德国的贸易逆差从5612万美元增至5亿美元，增加了7.9倍；中国对法国的贸易逆差从5917万美元增至3.5亿美元，增加了4.9倍；中国对澳大利亚的贸易逆差从8274万美元增至2.53亿美元，增加了2.1倍；中国对意大利的贸易逆差从3164万美元增至4689万美元，增加了48.2%。

与之对应，1966~1976年，中国对亚洲地区和社会主义国家则出现了贸易顺差，并呈扩大趋势。1966~1976年，中国内地对香港的贸易顺差从5.5亿美元增至17.1亿美元，增加了2.1倍；中国对新加坡的贸易顺差从3381万美元增至1.4亿美元，增加了3.1倍；中国对朝鲜的贸易顺差从0.26亿美元增至1.05亿美元，增加了3.0倍。

三　对外贸易商品结构及方式

1966~1976年，中国的进出口商品结构仍然比较落后，出口多以农副产品和纺织业为主，进口则以机械设备、五金矿场为主，表现出一个典型的农业国的贸易结构。

如表3.2所示，1966~1976年，粮油食品几乎一直是中国第一大类出口产品，纺织品居其后，土产畜产则位居第三、四位。这三类出口商品合计占到中国出口商品的50%以上。数据显示，中国在此期间出口商品结构也出现了一定程度的优化。例如，上述三类商品出口比重在1966~1969年和1973年都维持了70%以上，但在1974年后该比重迅速下降，1976年已经降至58.4%。此时期，化工、轻工和工艺类商品出口则呈现明显提高的趋势，其中化工类产品出口比重已经从1966年的3.6%稳步提高到1976年的15%以上。这说明，新中国成立以后为保障国家安全而重点发展的"重化工业化"，在此期间终于显现其作用和优势。

表 3.2　1966~1976 年中国出口商品结构

单位：%

年份	粮油食品	纺织品	土产畜产	工艺	轻工	五金矿产	化工	机械
1966	35.1	21.9	13.5	4.4	6.3	11.5	3.6	3.7
1967	36.9	22.1	13.2	5.0	6.8	9.9	3.6	2.5
1968	34.8	23.1	15.5	6.1	6.8	7.7	3.1	2.9
1969	30.5	23.5	17.1	7.0	7.4	7.8	3.3	3.4
1970	30.7	23.0	16.1	6.5	8.0	8.9	3.5	3.3
1971	29.6	21.4	16.2	6.1	8.0	10.4	4.5	3.8
1972	28.5	24.6	15.2	6.6	7.5	9.0	5.2	3.4
1973	33.6	23.5	13.6	6.4	7.2	7.4	5.3	3.0
1974	32.7	14.7	13.5	5.3	7.4	8.5	12.1	2.8
1975	26.6	19.4	12.5	5.6	7.3	8.4	17.1	3.1
1976	21.5	21.6	15.3	6.7	7.7	8.7	15.9	2.6

资料来源：《中国对外经济贸易年鉴1981》，中国对外经济贸易出版社，1981。

　　进口方面，如表 3.3 所示，粮油食品、五金矿产、化工、机械仪器类产品一直占中国进口商品 70% 以上的比重。工艺、成套设备和技术类产品的进口则不太稳定。1970 年后工艺类产品进口已经降低到零；而成套设备和技术类产品在 1970~1971 年进口降低到零以后又迅速增加，1976 年甚至上升到 17.1% 的比重，这反映了 1976 年开始的盲目引进国外设备的"洋跃进"运动对进口贸易的不良影响。

　　采用联合国国际贸易分类标准（SITC），可以显示中国进出口商品结构的优化趋势。1966~1976 年，中国初级产品出口比重已经从 60.1% 降至 45.5%，工业制成品出口比重从 39.9% 升至 54.5%；中国初级产品进口比重从 29% 降至 11.8%，工业制成品出口比重则从 71% 升至 88.2%。这"两升两降"凸显了新中国成立以后中国工业化的成就和国际竞争力的提升。

表 3.3　1966～1976 年中国进口商品结构

单位：%

年份	成套设备和技术	机械仪器	五金矿产	化工	轻工	工艺	纺织品	粮油食品	土产畜产
1966	4.5	18.8	22.1	16.7	1.7	0.4	6.8	24.9	4.1
1967	5.3	15.8	26.8	18.3	2.4	0.3	7.3	21.1	2.7
1968	4.0	14.9	27.1	22.7	2.2	0.1	5.8	20.8	2.4
1969	0.4	16.0	31.8	26.4	1.4	0.2	6.5	15.5	1.8
1970	0	17.5	39.9	18.9	1.4	0	4.8	15.4	2.1
1971	0	23.0	33.8	18.3	1.8	0	7.3	13.6	2.2
1972	0.6	20.0	30.7	17.4	2.6	0	9.0	17.9	1.8
1973	1.4	14.6	32.9	14.2	2.6	0	11.5	20.9	1.9
1974	4.1	16.9	27.4	13.5	2.6	0	11.1	21.9	2.0
1975	13.0	19.2	29.2	16.5	2.4	0	5.9	12.5	1.3
1976	17.1	14.0	31.6	15.0	2.2	0	8.3	10.0	1.8

资料来源：《中国对外经济贸易年鉴 1981》，中国对外经济贸易出版社，1981。

　　1966～1976 年，我国的对外贸易基本呈单一的一般贸易模式，加工贸易遭遇较大的挫折。1966 年"文革"爆发后，从 1961 年开始即作为加工贸易政策实施的"以进养出"政策不再实行，"以进养出"业务也被迫停止。这给国家的外汇收入和外贸发展都带来很大损失。1963 年和 1964 年，"以进养出"的出口额均占当年全国出口额的 30%，其中 1963 年上海市"以进养出"的外汇收入甚至占全部外汇收入的 45%。1967～1969 年，外贸总额连续出现 10%、2.6% 和 0.5% 的下降，体现了取消"以进养出"业务的负面后果。直到 1971 年，在周总理的指示下才恢复了"以进养出"业务。这一时期，"以进养出"业务领域除了原有的轻纺工业外，还扩展到机械工业领域，进口了某些机械主件和零配件加工后出口。[①]

第三节　对外贸易体制

　　1957 年，中国对外经贸领域所有制改造全面完成，开始进入社会主义

---

① 孙玉琴、孙倩、王辉：《我国加工贸易的历史考察》，《国际贸易问题》2013 年第 4 期。

建设时期。对外经贸领域全面实行计划经济体制，贸易制度框架与机构设置也由此进入了与之适应的高度集中的计划管理体制。

一 对外贸易制度变化

中国对外贸易体制是在模仿苏联对外贸易统管体制，并适应从新民主主义革命向社会主义建设时期过渡而逐步建立起来的。这一制度后来虽有一些调整，但直至1978年一直保持了如下特点。

（一） 单一的公有制

1957年，中国在完成生产资料社会主义改造后，就确立了由政府职能部门领导、国营外贸公司集中经营的对外贸易经营体制。对外贸易领域的生产资料所有制是完全的公有制，对外贸易由国家统一领导、统一管理，外贸公司统一经营。这种体制事实上使对外贸易部变成了一个既掌握全国对外贸易行政管理权又独揽外贸所有权和经营权的大企业。1966~1976年，国家对此有所调整，下放了一些权力，例如由国务院有关生产主管部门设立出口供应公司，负责对外交货或向外贸公司供货。第一机械工业部还成立了产销结合的机械设备进出口公司。另外，除西藏自治区外，经外贸专业公司批准，内地其他省份可以对港澳地区直接发货、装运和结汇，甚至可以经营远洋贸易。但是，直到1978年，这种所有制高度集中、独家经营的对外贸易管理体制并未得到根本改变。

（二） 实行对外贸易 "统制"

在新中国成立之初，就明确了要实行对外贸易 "统制" 的政策。毛泽东同志曾经指出："人民共和国的国民经济的恢复和发展，没有对外贸易统制政策是不可能的"，"对内的节制资本和对外的统制贸易，是这个国家在经济斗争中的两个基本政策"。① 这种对外贸易 "统制" 集中表现在如下三个方面。

1. 对外贸易国家垄断经营

对外贸易 "统制" 政策的贯彻主要表现在对经营主体的严格限制方面。

---

① 《在中国共产党第七届中央委员会第二次全体会议上的报告》（1949），载《毛泽东选集》，人民出版社，1966。

全国进出口完全由对外贸易部直属的十几家国营外贸专业公司按商品大类垄断经营，其他任何企业都没有外贸经营权，进而形成了政企不分的管理体制。

2. 高度集中的计划管理

计划管理体制是苏联模式对外贸易体制的轴心。1966～1976年，中国对外贸易经营管理体制略有调整。1950年以后先后制定的《对外贸易管理暂行条例》等30多部对外贸易法律法规虽然力图在进出口、海关、商检、外汇、仲裁等方面赋予企业一定的自主权，但在实际上，国家制定的年度性外贸计划指标和政府发布的各项指令、决定等内部文件对外贸企业的经营活动起着关键性的控制作用。计划成为调度对外贸易的唯一手段。价格、汇率等经济杠杆既不能起到调节进出口的作用，也不能反映商品的供求关系变化，只能发挥事后核算功能，其作为国家经济杠杆的信号机制不存在。

3. 实行贸易保护政策

贸易保护政策虽然起源于美国建国之初汉密尔顿的保护制度和李斯特等历史学者的保护贸易论，但只有在苏联模式的计划经济体制下，这种贸易保护政策才能发展到无所不包的极致境界。列宁曾经指出："不是关税，也不是边防军，而是对外贸易垄断制在经济上保卫着苏联的边境。"[①] 为此，1949年9月通过的《中国人民政治协商会议共同纲领》明确规定，中国"实行对外贸易的管制，并采用保护贸易政策"。

1966～1976年，中国实行的是关税壁垒和非关税壁垒并重的多重贸易保护政策。关税壁垒方面是制定保护性税则，对进出口商品实行分类经营管理，使平均关税水平维持在高水平上。当时在关贸总协定的安排下，世界范围内发达国家的平均关税已经降至5%上下，发展中国家一般已经降至20%上下，而中国的关税一直高达50%以上。非关税壁垒方面是通过编制和执行对外贸易计划，实行外汇管制，以强有力的直接行政干预为依托，使外贸计划成为集中调节外贸活动的单一杠杠。

（三）统负盈亏的财务管理

各外贸进出口公司的经营活动全部由计划调节，外贸公司没有独立的经

---

① 《马克思 恩格斯 列宁 斯大林论国际贸易》，北京对外贸易学院，1959。

济利益，只能无条件执行国家外贸计划，由此发生的全部盈利或亏损也全部由国家财政管理和承担。这种财务管理体制既是适应当时国民经济发展和极左意识形态的产物，也是垄断经营、高度集中的计划管理体制的必然结果。

二 对外贸易部的职能与贸易公司

1954 年，中央人民政府对外贸易部改称为中华人民共和国对外贸易部。作为国务院的一个重要部门，对外贸易部在此时期的职能与以往没有过多的变化，主要有：（1）编制国家进出口贸易计划和对外贸易外汇收支计划，组织和检查计划的执行；（2）起草中国同有关国家发展经济贸易和技术合作的联系方案，负责同有关国家进行谈判，签订协定和议定书等，并监督执行；（3）起草对外贸易管理的基本法规和海关管理法规，并贯彻执行；（4）领导海关工作，不断加强货物监管和政治经济保卫工作；（5）制定国营对外贸易企业进口、出口、运输、包装业务程序，管理并监督执行；（6）签发进口、出口和过境贸易的许可证；（7）研究拟订商品检验制度。相较于以前，对外贸易部转移掉的职能主要有：（1）中国对外援助工作；（2）中国贸易促进委员会工作。

外贸公司方面，由于实行对外贸易"统制"，中国的外贸公司一方面作为直属企业，本身既是经营者又是外贸部门行政管理的参与者；另一方面，由于实行高度集中、垄断经营的计划管理体制，其数量"十分有限"。从1966 年直到 1978 年 4 月第 43 届广交会开幕前，全中国的外贸公司一直只有13 家，其中粮油食品、轻工工艺、土产畜产、五矿冶金、机械、化工、技术、仪器行业全国性、行业性进出口总公司占了 8 家，另外 5 家分别是广州、大连、上海、青岛、天津五市的进出口公司。

第四节　对外贸易政策

一　"四三方案"

1971 年周恩来主持中央工作以后，积极推行了毛泽东提出的打开对外经济工作局面的决策。在 1972 年引进一系列项目工作顺利进行的基础上，1973 年 1 月 5 日，国家计委向国务院提交《关于增加设备进口、扩大经济交流的请示报告》，对前一阶段和今后的对外引进项目做出总结和统一规划。报告建议，利用西方处于经济危机，引进设备对我有利的时机，在今后三五年内引进 43 亿美元的成套设备，其中包括 13 套大化肥、4 套大化纤、3 套石油化工、10 个烷基苯工厂、43 套综合采煤机组、3 个大电站、武钢一米七轧机及透平压缩机、燃气轮机、工业汽轮机工厂等项目。这个方案被通称为"四三方案"，是继 20 世纪 50 年代的 156 项引进项目后的第二次大规模引进计划，也是打破 1966~1976 年经济贸易领域被封锁局面的一个重大步骤。①

在此方案基础上，后来又陆续追加了一批项目，计划进口总额达到51.4 亿美元。1974 年国务院提出，在今后三五年内，从国外进口一批大型化学肥料、化学纤维和连续式钢板轧机等设备。利用这些设备，通过国内自力更生的生产和设备改造，兴建 26 个大型工业项目，总投资额约 200 亿元。到 1982 年，26 个项目全部投产，其中投资额在 10 亿元以上的有武钢一米七轧机、北京石油化工总厂、上海石油化工总厂一期工程、辽阳石油化纤厂、黑龙江石油化工总厂等。这些项目取得了较好的经济效益，对中国经济建设的发展起到了重要的促进作用。

"四三方案"的批准实施，带动了对外引进工作的全面开展。1973 年国家计委报告还建议，由国家计委及各部委组成"进口设备领导小组"，"像第一个五年计划期间抓 156 项进口设备那样，扎扎实实地把建设任务抓紧抓好，尽早投产见效"。从 1972 年起，中国的外贸、金融及与之有关的其他经济领域，出现了新中国成立以后对外引进技术设备、开展经济交流的第二次高潮。

在引进国外先进技术设备方面，除"四三方案"的主要项目外，重要的引进项目还有：从美国引进彩色显像管成套生产技术项目；利用外汇贷款购买新旧船舶，组建远洋船队；购买英国"三叉戟"飞机，增强民航运输力量；等等。1972 年 9 月，国家计委成立了进口技术设备领导小组，负责审查进口设备和综合平衡及长期计划衔接工作，还组织有关部委派出多个考察小组，到国外考察检查进口设备。同时，在国内恢复举办先进科技国家的技术贸易展览会，学习吸取国外先进技术。

① 陈东林：《七十年代前期的中国第二次对外引进高潮》，《中共党史研究》1996 年第 3 期。

二 对外经济贸易工作中的新举措

海洋运输有了突破性发展。为了适应外贸和远洋运输的需要，中国自20世纪60年代后期起就利用造船、买船、租船等多种方式，建立了一批远洋船队，同时，建设了一批万吨级船台和船坞，极大地推动了中国造船工业的发展。1968年1月8日，中国建成第一艘万吨巨轮"东风号"不久，1969年4月2日，第一艘万吨油轮"大庆27号"实现下水。1968~1976年，中国造船技术一举跃上万吨、2万吨、5万吨的台阶，造船技术明显提升，从此基本建成了中国船舶工业的使用和建造体系。1970~1975年，中国累计建造万吨以上的船舶86艘，共151.6万吨。通过国内造船和国外购船，到1975年，中国远洋船队由1969年的110万吨发展到500万吨；海上货运量由1969年70%靠租用外轮，发展为70%由中国自己的船队承运。

国际货币和金融措施纳入外经贸工作。1973年，中国人民银行经过多次的调查研究后，积极开展筹措外汇和利用外资工作，筹措到外汇资金10亿多元，支持了对外引进的需要。1973~1974年，中国利用国际货币动荡时机，适时购进600吨黄金，增加了中国的黄金储备。此时期，对外贸易部门和专业公司开始利用西方国家的商品交易所和期货市场，在购买国内需要的物资时，灵活运用期货手段，积极参与国外市场交易活动，避免风险，保障外贸的保值增值。

鼓励扩大加工出口。1972年9月，新中国成立以后规模最大的全国工艺美术展览会在北京开幕，历时4个多月。为了扩大加工出口，外贸部门利用国际市场上棉布价格较高、棉花价格较低，而国内棉花歉收、加工能力较强的时机，进口了一批棉花，加工成棉布后出口，既解决了国内的棉布紧缺，又赚取了外汇。其间，政府和外贸部门都鼓励在对外贸易经营上积极利用国内丰富的劳动力，加工成品出口，多为国家创汇。1975年，邓小平进一步提出了采取补偿贸易的"大政策"。

恢复建设国内出口生产基地。扩大出口贸易方面，按照周恩来制定的"外贸要立足于国内，要把生产、使用和科研结合起来，推动国内生产的发展"的方针和部署，工艺美术品、农产品等出口生产基地得到了较快的恢复和发展。

第五节　对外贸易体制与实践评价

1966~1976年，与世界贸易蓬勃发展相比，中国对外贸易没有达到应有的速度和水平，这是"文革"给国民经济造成的损失之一。但从历史的客观视角出发，还应肯定中国对外贸易在此期间取得的进展和成就，并认真吸取经验教训。

一　对外贸易发展取得的进展

1. 总体上保持了国民经济的稳定发展，实现了对外贸易的较快发展

这一时期，虽然1967年、1968年社会总产值出现下降，1976年社会总产值增速也低于正常年份，但国民经济还是发展的，1976年比1966年增长77.4%，社会总产值年均增长6.8%。

从对外贸易发展总的情况看，1976年进出口贸易总额为134.3亿美元，比1966年的46.2亿美元增加1.9倍，平均每年增长11.3%。1967~1969年外贸连续3年下降，1969年进出口贸易总额为40.3亿美元，比1966年46.2亿美元下降12.8%。20世纪70年代前期，随着对外关系出现突破，中国进出口贸易额迅速增长。

2. 对外贸易从单边走向多边，开创了对外贸易新局面

作为20世纪中期两个主要世界大国，美苏都曾在新中国对外贸易中占重要地位。例如中美贸易在1950年一度占新中国对外贸易的21.1%，但抗美援朝战争爆发后，美国对新中国实行了长达20年的经济封锁，以致1952~1971年中美几乎没有经贸往来。受"冷战"格局影响，20世纪50年代，苏联与中国形成政治军事"同盟"关系，承担起了新中国经济建设的重要资金、技术提供者的角色，长期占中国对外贸易的"半壁江山"，是新中国的第一贸易伙伴，但随着60年代双边关系的恶化，这种经贸关系迅速冷却与瓦解。1966年中苏贸易虽然还占中国对外贸易6.6%的份额，1970年就降至1%的水平。

在美苏的联合经济封锁下，中国对外贸易一度发展停滞，但在20世纪70年代初，毛泽东、周恩来等领导人抓住中国恢复联合国合法席位以及尼克松访华等有利时机，大力发展了对日本、西欧国家等第二世界国家及亚、

非、拉等第三世界国家的经贸关系和对外贸易。截至 1973 年底，同中国有贸易关系的国家和地区增加到 150 多个，其中 50 多个国家同中国签订了贸易协议。1966 年，中国与第二、第三世界的贸易占进出口总额的 93.4%，1970 年这一比重又提高到了近 99% 的水平。随着中国对外经贸的活跃，美苏两个大国也逐步开始改变对中国的经济封锁政策。1971~1974 年，美苏合计对华贸易额从 1.5 亿美元增加到 7.8 亿美元，年均增长 73.2%，高于同期中国对外贸易 44.4% 增速近 30 个百分点。说明到了 20 世纪 70 年代中期，中国已经与大多数国家建立起了良好的外经贸关系，与美苏的紧张关系也得到了很大程度的缓解，对外经贸开创了新局面。

3. 加快了技术引进步伐，技术创新能力有所提升

随着"四三方案"的实施，中国开始注重加大引进国外先进技术。1966~1967 年，中国建立了比较独立完整的科研体系和工业体系，同时注意引进一些能够增补国内空白的工业技术，注意引进、学习和创新相结合，这对推动工业的技术革新发挥了一定的作用。此时期，中国在科研与技术上取得了诸多的突破，标志性的成果如：1966 年 5 月 3 日，中国第一批"红旗"高级轿车出厂；1966 年 10 月 8 日，中国制成第一批 10 万千瓦水轮发电机组；1966 年 12 月 23 日，中国在世界上第一次实现人工合成结晶胰岛素；1967 年 6 月 17 日，中国第一颗氢弹试验成功；1967 年 10 月 5 日，中国第一台晶体管大型数字计算机研制成功；1970 年 4 月 24 日，中国第一颗人造卫星发射成功；1973 年 8 月 26 日，中国第一台百万次集成电路电子计算机研制成功；等等。

二　对外贸易体制与政策的经验教训

为实施好"四三方案"，1973 年国家计委在《关于增加设备进口、扩大经济交流的请示报告》中提出了进口设备时应采取的原则：（1）坚持独立自主、自力更生的方针；（2）学习与独创相结合；（3）有进有出，进出平衡；（4）新旧结合，节约外汇；（5）当前与长远兼顾；（6）进口设备大部分放在沿海，小部分放在内地。这些原则不仅成为当时引进技术和设备的指导方针，而且概括了当时中国发展对外贸易的经验，并具有如下优点。第一，有利于集中调度资源，提高产品国际竞争力，扩大出口，例如石油工业。长期被世界界定为贫油国的中国，通过引进先进的石油技术和设备，

开发大庆油田和胜利油田，到 1967 年石油产品的品种和数量做到了自给自足。同时，通过学习、研究和创新，石油的勘、采、炼技术跟上了世界步伐。中国的原油产量 1966 年为 1454.16 万吨，1976 年上升至 8716 万吨，增长了 5 倍，累计出口 2820 万吨，创汇 19.5 亿美元。[①] 第二，有利于统一安排进口，保证国家重点建设需要。在"四三方案"推动下，1972 年 8 月 21 日，中国从联邦德国、日本进口一米七轧机，极大地提高了中国钢铁工业装备水平。1974 年 5 月 31 日，为保护国内资源，满足国内市场需要，国务院限定出口黄金，大量引进铜、铝、橡胶、涤纶等原料，满足了国家重点建设需要。

在取得上述经验的同时，在这一时期，中国的对外贸易实践也应吸取如下教训。

第一，垄断经营，产销脱节。国家通过外贸专业公司统一经营对外贸易，贸易渠道和经营方式单一，阻断了各地方、各生产部门和企业与国际市场的联系，造成工贸隔离、产销脱节。

第二，统负盈亏，缺乏利益激励机制。国家统负盈亏，年度外贸计划是外贸管理的核心，没有兼顾国家、企业、个人三方的利益，不利于调动各方面的积极性，不利于提高经济效益。

第三，统得过死，管得过多。国家通过高度集中的指令性计划和行政干预，对企业施加了太多的限制，造成政企职责不分，企业缺乏经营自主权，难以积极主动地参与国际竞争。

第四，没有抓住有利的机遇，大力发展开放型经济和对外贸易。1966～1976 年，在全世界商品贸易进出口总额年均增速高达 16.9% 的背景下，中国没有抓住第三次产业革命所带来的机遇，大力发展外向型经济，导致在这一时期，中国经济年均增速比世界平均增速慢了 0.6 个百分点，中国对外贸易年均增速比世界平均增速慢了 5.6 个百分点，以致中国在国际经济与世界贸易中的地位明显下降。1966～1976 年，中国经济占世界经济比重从 4.8% 降至 4.5%，其中受"文革"严重冲击的 1968 年还降低至 4.2% 的新

---

① BP, Statistical Review of World Energy, 2009, http://www.bp.com.

中国成立以后的次低水平①。同期中国商品进出口总额占世界货物进出口总
额的比重从 1.2% 降至 0.7%，中国对外贸易依存度从 7.6% 微升到了 1976
年的 9.0%，远低于同期世界各国的平均贸易依存度从 17.6% 提高至 30.0%
的速度和水平。

---

① 新中国成立以来最低水平出现在三年困难时期，当时这一比例降至 4%。详见〔英〕安格
斯·麦迪森《世界经济千年史》，伍晓鹰、许宪春、叶燕斐、施发启译，北京大学出版社，
2003。

第四章　对外贸易体制松动和贸易方式多样化（1976～1978）

第一节　对外贸易背景

1976～1978 年，中国正处于一个重要的历史转折期——对外开放的酝酿和起步阶段。从国内来看，"四人帮"的垮台和"文化大革命"的结束使全国人民精神振奋、万众一心，迫切希望早日实现祖国的社会主义现代化建设。在这一过渡时期，国家面临着两条发展道路：一条是"老路"，继续"以阶级斗争为纲"；一条是"新路"，走一条既不同于苏联模式又坚持社会主义方向的快速发展的中国道路。走"老路"只会使中国更加贫穷；走"新路"虽然艰难，但是最有前途。从国际上来看，从 20 世纪60 年代中期开始，随着国际分工和专业化协作的发展，世界市场急剧扩大，国际贸易和国际技术交流非常活跃，一些实施以"出口导向"为主的经济发展战略的国家经济增长迅速。同时，1973～1975 年，资本主义世界爆发了严重的经济危机，西方国家也迫切希望通过开辟新的国际市场以缓解和摆脱危机。

1970 年以后，中国从国际紧张局势和国家安全利益出发，适时调整了对外战略，对外关系出现了好转，面临的国际政治经济环境发生了很大的变化。1971 年 10 月，联合国通过决议恢复中国在联合国的一切合法权利。1972 年 2 月，中美发表《上海公报》，两国关系趋向好转；同年 9 月，中日实现了邦交正常化。到 1978 年底，中国已经同世界上 116 个国家建立了外交关系。在此形势下，很多工业发达国家的政府和商业机构纷纷表示愿意同中国发展贸易、扩大经济合作和技术交流。1972～1977 年，中国同西方十几个国家签订了包括化肥、化纤、石油、化工、轧钢、采煤、火电、机械制造等行业在内的 222 个进口项目。[①] 国际政治经济环境的变化使得中国不再与西方国家处于对立状态，创造了发展对外经济贸易关系前所未有的良好条件。

这一时期，中国初步形成了安定团结的社会局面，发展经济成了全党和全国人民的共同心愿，对外贸易也因此有了可以正常发展的国内环境。粉碎"四人帮"以后，中国领导人意识到中国发展的关键在于安定团结，安定团结是进行社会主义现代化建设的保证。在揭批"四人帮"的过程中，中共中央积极采取措施稳定社会局势，增强全国人民克服困难、扭转国民经济危机状况的信心。在对外贸易领域也深入进行拨乱反正。在此基础上，对外贸易领域开始全面贯彻执行曾经受到"四人帮"干扰的各项对外贸易的基本方针和政策，并且冲破他们设置的禁区和条条框框，迅速恢复了正常的外贸经营管理制度和适应国际市场变化的各种灵活的贸易方式。

1978 年 5 月开展的真理标准问题大讨论启发了人们的思维，解除了人们在思想上的束缚，使中国人开始面对现实，在学习西方的问题上更加客观实际。中国的对外经贸理念和理论也由此发生了实质性的转变。一是由过去全盘否定和批判国际贸易的比较优势理论，转变为认识到这一理论的科学合理性。二是由过去认为由国家"统制"的单一国有制外贸体制是唯一可行的社会主义对外贸易体制，转变为认识到这种体制不利于外贸企业追求经济效益和调动各方面的积极性，进而认识到应该进行外贸体制改革。三是由过去认为一切出口都是为了进口，对外贸易必须为优先发展重工业的"进口替代"经济发展战略服务，转变为认识到这种"进口替代"的内向型经济发展战略存在缺点和局限性。四是由过去片面强调"自力更生"，把对外贸易归结为"调剂余缺"，转变为认识到国际分工是对外贸易更重要的基础，从而对国际贸易在国民经济中的地位和作用有了新的认识。五是由过去主要从可能影响自力更生能力、增加在经济上对外国的依赖、增强资本主义势力、破坏计划经济、妨碍民族工业发展等方面论证利用外资的弊端，转变为从多方面分析利用外资的可取之处及经济作用。

---

① 《当代中国》丛书编辑委员会：《当代中国对外贸易》，当代中国出版社，1992。

第二节　对外贸易状况

一　总体状况

新中国成立以后，西方国家对新中国实行经济封锁和贸易禁运的歧视政策，使得中国同西方发达国家在相互往来与经济合作上受到极大限制。因此，从 1950 年到 1978 年党的十一届三中全会召开的这段时间里，中国的对外经济交流与合作基本上处于半封闭状态。

粉碎"四人帮"以后，随着中国现代化建设步伐的加快，1976~1978年作为一个特殊的历史转折时期，即中国对外开放的酝酿与起步阶段，中国以前所未有的姿态开展了国际经济交往活动，中国的对外贸易活动也开始进入了一个新的发展阶段。1977~1978 年，中国进出口贸易额快速增长，尤其是 1978 年被称作"中国外贸活动的一个活跃的春天"，如表 4.1~表4.2 所示。从统计数据来看，1977 年中国对外贸易扭转了 1976 年负增长的状况，进出口总额达到新中国成立以来的最高水平，比 1976 年增长 10.2%。1978 年，通过对发达国家的实际考察，结合发展经济的客观需要，中国加快了引进先进技术和设备的步伐，全年进出口总额大幅增长 39.4%。这两年的快速增长，带有恢复性质，但是 1978 年的超高速增长主要是由于进口激增 51.0%，是不正常的。

表 4.1　1976~1978 年中国的进出口状况

单位：亿美元，%

年份	进出口		出口		进口	
	总额	增长	总额	增长	总额	增长
1976	134.33	-8.9	68.55	-5.6	65.78	-12.1
1977	148.04	10.2	75.90	10.7	72.14	9.7
1978	206.38	39.4	97.45	28.4	108.93	51.0

资料来源：《中国对外经济贸易年鉴 1986》，中国对外经济贸易出版社，1986。

剔除国际市场物价上涨和汇率变动因素，1976~1978 年，中国出口贸易量比 1970 年分别增长 63.0%、53.1%、82.2%，而进口贸易量则比 1970 年分别增长77.1%、93.1%、164.4%（参见表4.2），特别是1978年急于求成导致盲目引进，进口大增，带来较大贸易逆差，出现所谓的"洋跃进"现象，加剧了国民经济的比例失调。[1]

表4.2　1976～1978年中国进出口贸易额指数、贸易量指数和价格指数

年份	贸易额指数		贸易量指数		价格指数	
	出口	进口	出口	进口	出口	进口
1970	100	100	100	100	100	100
1976	303.3	282.8	163.0	177.1	186.0	159.7
1977	335.8	310.1	153.1	193.1	219.3	160.7
1978	431.2	468.3	182.2	264.4	236.7	177.1

资料来源：联合国贸易与发展委员会《国际贸易和发展统计手册》，联合国《统计月报》，1976～1978。

1977～1978年，中国对外贸易领域出现了前所未有的发展局面，扭转了1966～1976年的下降趋势。但也必须看到，这一时期中国的对外贸易还处于恢复和起步阶段。1976～1978年，中国出口总额占世界出口总额的比重从1953年的1.23%下降到0.7%左右，在世界出口贸易中排名从1953年的第17位下降到1978年的第32位，说明过去20多年中国对外贸易的发展速度明显低于世界贸易的平均发展速度。1978年中国出口总额97.5亿美元，不及日本当年汽车一项的出口额156.3亿美元。1978年，世界进出口总额已达26573亿美元，而中国进出口总额只有206.4亿美元，仅占世界进出口总额的0.78%。[2]

二　主要贸易伙伴

这一时期，中国对外贸易前20位贸易伙伴既包括"三个世界"的不同国家，也包括不同社会制度的国家，而且中国与苏联和东欧社会主义国家的贸易重新占有了比较重要的地位。随着中苏关系的变化，中国把东欧一

---

[1] 由于这一时期的经济快速发展是建立在引进的基础上，人们称之为"洋跃进"或"洋冒进"，其表现是在对外开放方面引进规模庞大、速度太急，超出已有的外汇支付能力和配套能力。到1978年底，中国的物资、信贷、财政和外汇支出均出现了较大的不平稳，给经济建设带来新的困难。

[2] 李康华、王寿椿编《中国社会主义初级阶段的对外贸易》，对外贸易教育出版社，1989。

些国家与苏联相区别，积极发展与它们的经济贸易关系。20 世纪 70 年代后期，在东欧地区，罗马尼亚成为与中国关系最紧密的友好国家之一，双边经贸合作得到了快速的发展。此时期，中国最重要的贸易伙伴是日本和香港地区，中国对这两个市场的进出口总额远远超过其他市场。法国和英国在这一时期依然是中国的重要贸易伙伴。

日本是中国一衣带水的近邻，是同中国历史关系最为悠久的国家之一，其工业发达，但是资源紧缺。1972 年中日两国邦交正常化后，双边贸易获得全面快速的发展，日本成为中国最主要的进口市场和重要的出口市场之一，同时双边经济贸易合作的领域不断扩大。这一时期，中国向日本主要出口石油、煤炭和建设器材等物资，从日本进口钢铁、机械、化肥、化纤、农药等物资，对日贸易一直处于逆差状态。1977~1978 年，中国对日本出口贸易所占比重从 1976 年的 1.8% 快速上升到 17.9% 和 17.6%，显著高于其他市场；进口贸易则主要集中于日本市场，这三年对日本的进口额占全部进口总额的比重都在 28% 左右，也是远远高于其他市场。

香港是中国的领土，由于历史的原因具有特殊的地位，在经济上同中国内地一直保持着千丝万缕的关系。同时，香港也是一个国际性城市，是世界著名的自由贸易港和重要转口港，世界各地的先进产品都汇集到这里，在回归以前一度是中国与世界各国、各地区进行贸易往来的重要通道之一。因此，中央政府历来非常重视内地与香港的经贸合作，把香港作为中国内地对外贸易的出口和转口市场，积极扩大内地对香港的进出口。这使香港多年一直是中国内地最重要的贸易伙伴，经济技术合作关系日益密切。

三　对外贸易结构与方式

（一）对外贸易商品结构

1. 出口商品结构

出口商品结构反映的是一国的经济发展水平和商品在国际市场上的竞争力。中国不同时期的出口商品结构基本上反映了不同时期的生产力发展水平和竞争力的变化。新中国成立以后，中国出口商品结构发生了显著变化：农副产品及其加工品出口所占比重，1953 年为 81.6%，到 1978 年下降为 62.6%，工矿产品出口比重则从 18.4% 上升为 37.4%。1976～1978 年中国出口商品结构（按不同分类标准）见表 4.3、表 4.4。

表 4.3 是中国出口商品按农副产品、轻工业产品和重工业产品的分类构成。可以看出，这一时期中国出口商品的结构正在逐步发生变化，如轻工业产品的出口比重有所上升，而农副产品和重工业产品的出口比重则略有下降。同时，除了传统轻工业产品外，中国已经能够出口部分化工产品、拖拉机等机械及运输设备，这些商品以前是进口品。例如，1976～1978 年，中国分别出口西药 4861 万、4844 万、7370 万美元，出口机床 4366、4292、4805 台，出口汽车 706、2482、1004 辆。[①] 因此，"进口替代"战略的实施使中国的出口商品结构有所优化，有利于中国建立比较完整的民族工业体系，提高了工业品的国产化程度。但是，"进口替代"战略并不是按照比较优势原则来发展对外贸易，而且高度集中的计划经济体制使外贸企业普遍缺乏竞争意识和效率观念，因此中国在这个时期的对外贸易没有发挥其优化资源配置的作用，也无法获取国际贸易的各种静态利益。

表 4.4 是按《国际贸易标准分类》即划分为初级产品和工业制成品的出口商品结构。可以看出，这一时期中国出口商品中初级产品所占比重高于工业制成品，说明中国的经济发展水平还相对较低，出口商品还处于比较落后的状态。不过，工业制成品的出口比重呈上升趋势，说明出口商品结构有所改善。出口贸易额的增长和出口商品结构的变化反映出中国社会主义建设取得了较大的进步。

表 4.3 1976～1978 年中国出口商品结构（1）

单位：亿美元，%

年份	出口总额	农副产品		轻工业产品		重工业产品	
		金额	比重	金额	比重	金额	比重
1976	68.55	19.46	28.4	30.45	44.4	18.64	27.2
1977	75.90	20.96	27.6	34.92	46.0	20.02	26.4
1978	97.45	26.91	27.6	45.69	46.9	24.85	25.5

资料来源：《中国对外经济贸易年鉴 1986》，中国对外经济贸易出版社，1986。

[①] 《中国对外经济贸易年鉴 1986》，中国对外经济贸易出版社，1986。

表 4.4　1976～1978 年中国出口商品结构（2）

单位：亿美元，%

年份	出口总额	初级产品		工业制成品	
		金额	比重	金额	比重
1976	68.55	37.44	54.6	31.11	45.4
1977	75.90	40.65	53.6	35.25	46.4
1978	97.45	52.16	53.5	45.29	46.5

注：表中初级产品包括食品，饮料及烟草，非食用原料，矿物燃料，动植物油、脂及蜡；工业制成品包括重化工业产品和轻纺工业产品，其中重化工业品又包括化学品及有关产品、按原料分类的制成品、机械及运输设备。

资料来源：《中国对外经济贸易年鉴1986》，中国对外经济贸易出版社，1986。

2. 进口商品结构

进口商品结构不仅能在某种程度上反映出一国的工业基础和生产状况，而且能反映出该国的市场需求特点和人们的生活水平。新中国成立以后，中国进口贸易迅速增长，进口商品结构不断改善。这与中国不同时期的经济发展、工业化进程、产业结构调整及经济发展战略有着密切的关系。

从 1976～1978 年中国进口商品结构来看，生产资料的进口占绝大部分比重（如表4.5所示）。这一时期，中国主要进口工业制成品，特别是技术含量高的机械和运输设备等生产资料以及其他重要物质，例如钢材、化工原料、橡胶、机床、拖拉机、挖掘机、汽车、船舶、飞机、化肥、石油等。在进口的生产资料中，以机械设备和工业原料为主，所占比重在90%以上，而农业生产用物资所占比重不足10%。主要原因是，中国经历了"文化大革命"之后，社会生产受到严重破坏，国民经济各部门之间比例失调，生产力发展水平相对落后，人民生活水平相对较低。因此，中国亟须引进各种生产资料，如机械设备和生产原料等，迅速恢复和发展国民经济，建立起相对完整的工业体系，发展社会生产力，加快社会主义现代化建设。

表 4.5　1976～1978 年中国进口商品结构

单位：亿美元，%

年份	进口总额	生产资料		生活资料	
		金额	比重	金额	比重
1976	65.78	57.11	86.8	8.67	13.2

年份	进口总额	生产资料		生活资料	
		金额	比重	金额	比重
1977	72.14	54.92	76.1	17.22	23.9
1978	108.93	88.64	81.4	20.29	18.6

注：表中生产资料包括机械设备和生产原料，其中生产原料又包括工业原料和农业生产用物资。

资料来源：《中国对外经济贸易年鉴1986》，中国对外经济贸易出版社，1986。

这一时期，进口贸易除了优先进口生产资料外，根据国内需要也进口了相当数量的生活必需品，起到调剂国内市场供应的作用。如在粉碎"四人帮"后，针对"四人帮"破坏生产所造成的市场物资短缺以及为调换品种，有计划地进口了一些粮、糖、棉、油等物资。同时，为满足人民文化生活的需要，在国内生产不足的情况下，还进口了一些电视机、录音机、手表等用品。通过进口一些生活资料，补充了国内市场，改善了人民生活。

（二）对外贸易方式

1. 主要方式

由于不同时期各国经济发展水平不同，对外开放程度不一，以及所处的国际经济背景不同，国与国之间商品贸易往来方式与途径会有很大差异。中国对外贸易的方式随着外贸体制和贸易对象的变化而发生变化。20世纪50年代，中国与苏联、东欧国家等社会主义国家普遍采取记账贸易。60年代以后，中国的主要贸易对象逐渐转向西方发达国家，现汇贸易方式越来越普遍。

粉碎"四人帮"后，通过分清是非、拨乱反正，中国恢复了1966年以前采用过的一些贸易做法，如定牌、寄售、展销、中性包装、进料加工、"以进养出"等，还积极地采用了国际贸易中早已通行的来料加工、补偿贸易、延期付款、分期付款等方式，政府间与非政府间的贷款也在积极酝酿。

从当时中国出口商品的结构来看，以资源性商品和劳动密集型商品为主。因此，在这一时期一般贸易是中国出口贸易的主要方式，其他贸易方式所占比重很小。中国对一些缺乏现汇支付能力的发展中国家的贸易，采用了易货贸易的方式。对发展中国家的易货贸易是由双方政府签订的贸易协定，规定好双方的贸易额，并附有进出口商品货单，对货单中的主要商品列明数量或金额，由缔约国政府保证实现。易货贸易采用记账结算方式，在缔约双方国家银行中互设清算账户，对有关贸易条款及其从属费用采用记账冲抵。这一时期中国还积极开展"以进养出"业务。"以进养出"的形式有：进料加工，即进口全部原材料或主原材料，加工成品出口；进口主件或配件，加工装配产品出口；以国产原材料为主，进口辅助材料，加工成品出口；进口饲料、肥料、种子、种畜等养殖，种植农副土特畜产品出口；用进口商品调换国内农副土特产品出口。1977年，"以进养出"的货源占外贸收购总额的24.3%。① 1978年党的十一届三中全会以后，中国大力鼓励发展"两头在外""大进大出"的加工贸易，以充分发挥中国劳动力成本的比较优势。

由于此时期中国进口贸易的策略是引进先进技术和关键设备，同时进口生产和建设所需的短缺物资，以及"以进养出"物资和国内市场需要的物资，中国进口的商品主要包括成套设备和技术、机械仪器、五金矿产、化工、粮油食品等，进口贸易也是以一般贸易方式为主。

2. 中国内地对香港的转口贸易

1976~1978年，内地与香港的贸易占香港对外贸易总额的比重居于第二位，内地对香港出口居香港进口总额的位次同样是第二位，显示内地是香港最大的商品供应市场之一。

内地与香港贸易和其他国别地区不同的是转口贸易占有很大比重。香港在历史上就是内地最重要的转口贸易港。香港地少人多，自然资源贫乏，进料加工和来料加工的工业发达，交通便捷，是世界最大的转口贸易港区。长期以来，内地利用香港转口与尚无外交关系的国家以及台湾地区开展贸易，同时可以避开巴黎统筹委员会的某些贸易禁运限制，采购中国建设社会主义现代化所需要的紧缺器材和物资。

中华人民共和国成立之初，香港成为新中国与西方通商的唯一渠道。1976年后，内地对香港的转口贸易迅速增长。据香港政府统计，1978年内地经香港转口商品总额为36.6亿港元，比1970年增加5.3倍，占内地对香

---

① 李康华、王寿椿编《中国社会主义初级阶段的对外贸易》，对外贸易教育出版社，1989。

港出口额的 34.7%。[1] 中国内地来自香港的进口历来以转口贸易为主。内地经香港转口购进的商品主要以纺织品及其制品和原料、半制成品等为大宗商品，主要来源地是日本、台湾地区、美国和联邦德国等。

内地通过香港的转口贸易在香港转口贸易中的地位和作用日益突出和重要。1978 年，内地经香港转口贸易额占香港转口贸易总额的 27.7%。中国内地对香港市场转口贸易的发展，不但促进了香港对外贸易的发展和经济繁荣，而且为内地扩大出口和引进技术设备开辟了更多的渠道，发展了同许多国家和地区的贸易联系。1978 年内地实行改革开放政策，两地贸易终于排除了各种干扰，开始了真正的"蜜月期"，出现了高速发展的局面。

第三节 对外贸易制度框架与机构设置

1976 年后，中央政府继续坚持对外贸易的统管体制和统一对外原则，并对国营外贸专业公司进行机构调整，以适应当时中国的经济体制和国内外形势，发挥地方的积极性。1978 年底，中国共设有国营外贸专业总公司 11 个，它们是中国机械进出口总公司、中国五金矿产进出口总公司、中国化工进出口总公司、中国技术进出口总公司、中国粮油食品进出口总公司、中国纺织品进出口总公司、中国土产畜产进出口总公司、中国轻工业品进出口总公司、中国工艺品进出口总公司、中国仪器进出口总公司、中国对外贸易运输总公司。地方的分支公司也随之有所调整。据不完全统计，到1978 年底，全国共有外贸专业公司 130 多家。[2] 1978 年 12 月，对外贸易部和外交部联合向国务院提出请示，建议在国外设立外贸公司代表机构以适应外贸大发展的新形势，加强在国外的出口推销力量，并不失时机地买进国内急需的物资，做好技术、设备引进工作；建议根据不同情况在国外设立不同的代表机构：（1）设立中国进出口公司代表处，加强出口推销工作；（2）设立中国技术进出口总公司代表处，负责引进项目的调研探询，组织执行引进项目的合同，接待为引进项目派出的考察、谈判、实习、监造、验收等人员；（3）派出常驻的外贸公司代表；（4）设立中国贸易中

---

① 《当代中国》丛书编辑委员会：《当代中国对外贸易》，当代中国出版社，1992。
② 《当代中国》丛书编辑委员会：《当代中国对外贸易》，当代中国出版社，1992。

心或建立外贸仓库；（5）开设私人贸易公司。当时的国务院副总理李先念对此做了批示，邓小平副总理和国务院其他领导人也同意了这一请示。从此，中国外贸公司开始在世界各国设立分支机构，进入一个快速发展的新阶段。①

改革开放前中国的对外贸易体制是在特殊的历史条件下建立的，其最突出的特征是独立性和集权性。当时可以从事对外贸易活动的只有对外贸易部及其下属部门和单位。其中按照各大类商品分工经营的若干国有制外贸总公司由外贸部直接领导，各口岸和内地的分公司由有关的总公司和当地外贸局双重领导。各省、自治区、直辖市的外贸局则受外贸部和省、自治区、直辖市政府双重领导。另外，能够从事对外贸易事务的还有中国各驻外商务机构（有商务参赞处和商务代表处两种形式）。它们既是中国驻各国的大使馆、代办处的组成部分，又是外贸部的代表机关，受外贸部和驻各国大使馆的双重领导。

隶属于国家外贸部门的外贸专业公司，长期实行统购、包销的出口货源收购制和进口物资代理调拨制。这种由外贸专业公司集中经营的方式适应当时中国的经济体制和国内外形势，对发展进出口贸易、促进国内生产发展和保障国内市场供应起了重要的作用。但是，随着国民经济的发展和对外贸易关系的不断扩大，这种由国家少数外贸专业公司垄断经营的体制，在一定程度上束缚了部门和地方发展出口商品生产、提高出口产品质量、改进包装装潢、扩大出口的积极性。而且，导致生产企业不了解国际市场需求，不关心外贸的经济效益，出口商品产销脱节的现象越来越突出，不利于借鉴和学习外国先进技术，也不利于国家对外贸易的持续发展。

第四节　对外贸易政策

1976 年以前，中国对外贸易的发展受到主客观因素的严重影响，几经波折，发展缓慢甚至倒退。主观因素是受到"左"倾错误思想的干扰，在

---

① 从中华人民共和国成立至 1978 年的近 30 年时间里，中国内地除了在港澳地区开设贸易公司及在柏林设立中国进出口公司柏林代表处外，在境外基本上没有投资开设自己的贸易公司和常驻企业机构。当时，中国同世界各国的贸易联系，在国外主要是通过驻外领馆的商务机构办理。

理论认识上存在片面性，没有认识到社会主义国家发展对外贸易的重要意义，也没有认识到对外贸易在国民经济发展中的重要地位，反对参与国际分工，认为对外贸易仅仅是调剂余缺的一种手段，把对外贸易置于社会经济发展的辅助地位，从而使中国的对外贸易无法发挥其潜在的作用。客观因素是西方一些国家对中国实行封锁禁运、贸易歧视和敌视的政策。在封锁禁运的情况下，中国取得经济成就助长了关起门来搞建设的思想，从而把对外贸易置于可有可无的地位。粉碎"四人帮"以后，对外贸易领域全面恢复和贯彻执行了新中国成立后制定的对外贸易方针和政策，积极发展社会主义对外贸易。

一 继续执行新中国成立后制定的对外贸易的基本方针和政策

从新中国成立到 1978 年，中国实行的是国家管制的（权力高度集中于中央政府）、内向型的贸易保护政策。根据中共中央关于"统制"对外贸易的决策，1949 年 9 月通过的《中国人民政治协商会议共同纲领》规定："实行对外贸易的管制，并采用保护贸易政策。"1958 年 8 月，党中央做出了《中共中央关于对外贸易必须统一对外的决定》，指出"除对外贸易部所属总公司和口岸分公司外，任何地方、机构不允许做进出口买卖"。在建立集中统一的对外贸易管理机构体系的基础上，陆续颁布了一系列统制企事业对外贸易的法令和法规，并制定了有关的具体规定和实施办法。

1. 继续坚持国家"统制"的对外贸易政策，同时发挥地方的积极性

"统制"政策是新中国成立以后一直坚持的重要贸易政策。遵照"统制"政策，对外贸易部门会同其他有关部门，采取商品分类管理、进出口许可证、外贸企业审批、外汇管制、出口限价、保护关税、货运监管、查禁走私、商品检验等行政管理措施，运用信贷、税收等经济手段，并逐步加强计划管理，把全国对外贸易经济活动置于国家集中领导、统一管理之下，以统一地进行对外经济活动，维护国家独立自主，促进国民经济的恢复和发展，保证社会主义改造和社会主义建设的顺利进行。1976 年后，在对外贸易中，除了继续坚持国家"统制"政策和统一对外原则外，还强调正确处理中央和地方的关系，继续坚持和发扬同地方商量办事的作风。

2. 继续贯彻平等互利、互通有无的基本原则，增进与世界经济贸易往来

中国的对外贸易是国民经济的一个组成部分，又是中国对外活动的一个重要方面，这就决定了对外贸易必须服从中国的对外政策。1949年9月通过的《中国人民政治协商会议共同纲领》规定："中华人民共和国可在平等和互利的基础上，与各外国的政府和人民恢复并发展通商贸易关系。"平等互利原则是中国共产党多年来对外关系的经验总结，反映了国与国之间正常开展商品交换和经济技术交流的客观要求，在对外经济关系方面体现了社会主义中国独立自主的和平外交政策的精神，是中国建立和发展对外贸易关系的基本原则。

中华人民共和国成立以后，一贯坚持按照平等互利原则开展对外贸易往来。中国对外贸易部门把平等互利原则具体贯彻在对外贸易的各个方面和各个环节，坚持国家不分大小、贫富、强弱，在贸易交往中一律平等，双方的权利和义务应体现对等的原则；进出口商品根据双方供应可能，互相满足对方需要，尊重对方的民族爱好和风俗习惯；按国际市场价格公平合理定价，以求互利；严格履行贸易协议和合同，重合同、守信用。平等互利原则的坚决贯彻，鲜明地体现了中国社会主义对外贸易的新风格，是中国贸易政策的一大特点。

3. 坚持独立自主、自力更生的方针，正确处理自力更生与发展对外贸易的关系

独立自主、自力更生是毛泽东一贯倡导的中国革命和建设的根本方针，也是中国对外贸易必须遵循的方针。要实现四个现代化，必须继续贯彻独立自主的方针，把立足点放在中国自己力量的基点上。但是，自力更生绝不意味着拒绝国际经济合作和技术交流，排斥外国一切好东西、好经验，闭关自守。因为世界上本来就没有一个国家能够生产自己所需要的一切东西，每个国家都有自己的长处和短处。因此，应该在自力更生的基础上，同世界各国发展通商贸易关系，进行国际交流、互相学习、取长补短、发展生产、繁荣经济。

4. 对外贸易要立足于发展生产、为生产服务

1953年10月，中共中央在批准对外贸易部《关于对外贸易工作基本总结及今后工作指示》时指出，生产是贸易的基础，贸易为生产服务。只有对外贸易部门真正做到支援生产、组织生产、扩大生产，对外贸易工作才

能越做越活，其物质基础才能越来越雄厚，活动的空间也才能越来越广阔。此时期，为了增加出口、保证进口，中共中央和中国政府十分强调对外贸易工作要认真贯彻执行"发展经济，保障供给"的方针，立足于生产，大力促进生产的发展。

5. 坚持"统筹兼顾，适当安排"的方针，处理好内外销的关系

外贸和内贸是流通领域两个紧密相关的组成部分，它们之间是既统一又矛盾的辩证关系。为了在人口多、底子薄的情况下，既满足人民生活的基本需要，又保证社会主义建设的顺利进行，中国政府在处理国内市场供应与对外贸易出口的关系上，采取内外销"统筹兼顾，适当安排"的方针。在外贸工作中要增强全局的观点，了解国民经济的全面情况，搞好各方面的团结和协作，积极做好出口工作，同时关注国内市场，支援国内市场。

二 实施"对外贸易要有一个大的发展"的政策安排

1976 年后，为了加快实现四个现代化，在恢复经济的基础上，中央决定引进一些大型项目。而为了保证进口的顺利进行，必须相应地发展出口，多创外汇，增强中国的对外支付能力。

1978 年 2 月，华国锋在第五届全国人民代表大会第一次会议上的政府工作报告中提出，中国的"对外贸易要有一个大的发展"。1978 年 12 月 4 日《人民日报》第 1 版文章《对外贸易要有个大发展》写道："大力发展对外贸易，灵活运用国际上通常采用的一些做法，利用国外资金，引进先进技术，目的就是为了加快发展中国的经济建设事业。这是当前政治、经济形势发展的需要，是加速实现四个现代化的需要。"

为了保证对外贸易有大发展，中央提出以下要求。第一，一定要思想解放，思路开阔。第二，要在体制上、经营管理上进行改革。外贸体制要在统一政策、统一计划、统一对外的前提下，做到统而不死、活而不乱、工贸结合、产销见面，改变目前层次多、关卡多、扯皮多的状况，使管理体制适应外贸大发展的要求。第三，必须全国动手，全党齐心协力。各有关部门，各省、自治区、直辖市要指定有业务知识的领导同志来专管外贸，做好宣传和发动工作，把外贸任务明确落实到各部门、各地区以至有关的企业。外贸、商业、供销、财政、银行和工业、交通、农林战线各行各业齐心合作，互相支持，共同实现对外贸易的大发展。

第五节　对外贸易体制与实践评价

一　对外贸易取得的新进展

1977~1978 年，中国进行了拨乱反正，确立了解放思想、实事求是、团结一致向前看的指导方针。对外贸易快速增长，对外贸易的商品结构也有所改善，同时引进了大量的外国先进技术和设备，加快了现代工业建设。

1. 建立了独立自主的对外贸易经济管理体制和基本的对外贸易队伍

改革开放前，中国建立起了独立自主的对外贸易体制和比较完备的中央、地方各级外贸行政和企业组织体系；在国外使领馆建立商务机构和驻港澳贸易机构，还在 50 多个国家设立了共 560 个公司代表处和境外贸易公司。外贸部门从出口商品生产、外贸仓储、运输、包装等各个环节，逐步建立起相当规模的基础设施，在国外广泛建立和发展了推销服务网络和销售渠道，不断完善计划、统计、财会、审计、调研等各项工作，建立起了一支 50 多万人的素质较好的外经贸队伍。

2. 贸易体制松动，对外贸易总额不断增长

进出口总额从 1950 年 11. 35 亿美元增长到 1978 年的 206. 38 亿美元，增长了 17. 2 倍；其中出口贸易总额由 5. 52 亿美元增长到 97. 45 亿美元，增长了 16. 7 倍；进口贸易总额由 1950 年的 5. 83 亿美元增长到 1978 年的 108. 93 亿美元，增长了 17. 7 倍。

3. 进出口商品结构有所优化

到改革开放前夕，随着中国工农业的恢复、发展和工业化的进行，中国出口与进口贸易结构呈现优化趋势。一是出口商品中初级产品逐渐减少，工业制成品相应增加，轻工业产品和重工业产品在出口中的比重加大。随着工业生产的发展，出口中农副产品的比重逐步下降，而轻工业产品的比重逐年上升，重工业产品在出口中的比重呈上升趋势。二是生产资料在进口中占主导地位，其中又以原材料和机器设备为主。1978 年，生产资料进口所占比重为 81. 4%，在引进技术中，以成套设备进口为主，约占 80%。

4. 贸易方式多样化，对外贸易伙伴不断增加

20 世纪 70 年代，随着中国对外关系得到改善，特别是同美国和日本的

关系的改善，中国同发达国家和发展中国家广泛开展了对外贸易活动，对外贸易伙伴不断增加。到 1978 年，与中国建立贸易关系的国家或地区，已由新中国成立初期的 46 个增至 160 个，中国与其中 80 个国家和欧洲共同体签订了政府间贸易协定或议定书。[①] 同时，这一时期内地与港澳的经济贸易关系不断密切，贸易额不断扩大。

随着 1971 年 10 月中国在联合国合法席位的恢复，中国对外贸易关系开始从国家向国际组织延伸，积极参加相关国际组织的各项活动。到 1978 年，中国参加了联合国贸易和发展会议、亚洲及太平洋经济社会委员会、联合国国际贸易法委员会等联合机构和国际组织的活动，拓展了多边贸易关系。

二 对外贸易体制与政策的经验教训

1. 高度集中的对外贸易体制缺乏活力

1976~1978 年，中国还是继续执行新中国成立以来的国家管制的内向型保护贸易政策和高度集中、国家专营的外贸体制。这一时期以高度集中为特征的中国对外贸易体制，基本上是从国家当时实行的以产品经济和单一公有制为基础的集中计划经济体制中派生出来、与之相适应的体制，并且随着国内外形势的发展和变化以及各种客观因素的影响而逐步强化。这种外贸体制的特点是：高度集中、国家"统制"、国家专营、统负盈亏、政企合一。在对外贸易经营管理体制上高度集中，以行政管理为主；在调节进出口贸易上主要靠计划、数量限制的直接干预，关税不起主要作用；人民币汇率一直被高估；不参与世界性的经济贸易组织而进行双边贸易。实践表明，在当时的历史情况下，这种外贸体制有利于集中调度资源，扩大出口；有利于统一安排进口，保证重点建设；有利于统一对外，集单力为合力，化劣势为优势；有利于粉碎"禁运""封锁"，加强与社会主义国家的经济合作，配合外交工作，促进社会主义经济建设事业的发展。新中国的对外贸易在发展中能克服重重困难，不断取得新成就，与当时这种外贸体制所起的作用相关。

显然，这种高度集中、国家专营的外贸体制，其弊端也十分明显。第一，独家经营不利于调动各方面的积极性。国家通过外贸专业公司统一经

---

① 李康华、王寿椿编《中国社会主义初级阶段的对外贸易》，对外贸易教育出版社，1989。

营，贸易渠道和经营形式单一，影响了各地、各部门发展对外贸易的主动性和积极性，造成工贸脱节、产销脱节，使生产企业不能面向国际市场和积极参与国际分工，不能生产适销对路的优质出口产品，难以提高对外竞争能力。第二，统得过死，不利于外贸企业发挥自主经营的活力。国家通过指令性计划以及行政包揽和干预，对企业限制过多、统得过死，忽视经济调节，造成政企职责不分，外贸企业经营自主权很小、效率不高，难以积极主动地参与国际市场竞争。第三，长期以来，外贸财务吃"大锅饭"，严重妨碍了外贸企业的发展。国家统负盈亏，不利于外贸企业走上自主经营、自负盈亏、自我发展、自我约束的企业发展道路，导致其国际竞争能力低下，也使外贸出口能力不能得到充分的发挥，导致进口需求过度的倾向长期得不到根本解决；而且没有兼顾国家、企业、个人三方的利益，造成企业吃国家的"大锅饭"、个人吃企业的"大锅饭"的局面，不利于调动各方面的积极性，也不利于加强经济核算和改善经营管理。

2. 对外贸易总体竞争力偏弱，发展规模较小

1976～1978 年，中国对外贸易领域出现了前所未有的发展局面，这是不争的事实，但是也必须看到，中国的对外贸易还处在竞争力弱、规模小、层次低的水平。在中国的出口商品结构中，初级产品所占比重超过工业制成品，而且出口的工业制成品相对低级[1]，在国际分工中地位较低。1978年，中国出口贸易额仅占世界的 0.75%，在世界出口贸易中的排名从 1953年的第 17 位下降到第 32 位，低于韩国、新加坡、巴西、香港地区的出口额；对外贸易总额占世界贸易总额的比重仅为 0.78%，远远落后于美、英、日等西方市场经济国家。[2] 从中国外贸部门国内收购的出口商品总值在工农业总产值中的比重来看，1976 年和 1977 年分别仅为 3.9% 和 3.7%，不仅远远落后于经济发达的资本主义国家，而且低于许多发展中国家和地区。[3] 这与中国这样一个人口占世界 22%、土地面积占世界 7.2% 的国家的国际地位

---

① 所谓"低级"，是指出口的产品基本上是劳动密集型，提供的产品附加值较低。

② 1978 年，美国、联邦德国、日本、英国、苏联的出口贸易额分别占世界出口总额的 11%、11%、7.6%、5.6%、4.1%，甚至韩国和台湾地区也各占 1%（李康华、王寿椿，1989）。

③ 1976 年，一些主要国家和地区的出口在其工农业生产总产值中所占比重，联邦德国为 55.4%、日本为 30.4%、美国为 22.8%、苏联为 10.6%，而韩国和台湾地区则分别高达 55.1% 和 35.6%（李康华、王寿椿，1989）。

很不相称，更与这一时期世界经济和贸易发展的水平存在很大差距。也说明，过去20多年中国出口贸易的增长和发展在纵向比较上有较大的进步，但在横向比较上已明显落后。

3. 对外贸易工作出现了急于求成、盲目引进的现象

1978年，在对外经济工作中又出现急于求成，重走"大跃进"高指标、浮夸风的老路，发生了以盲目引进技术设备和大量借外债为新特点的"洋跃进"现象。1978年开始进口宝钢、金山化纤、德兴铜矿基地、3个石油化工基地、4套化肥设备等大型重点项目，仓促上马，突击对外订货，一年成交金额达78亿美元，超过以前28年引进技术和成套设备用汇的总和，大大超过国内消化、配套和支付能力，造成很大的贸易逆差和订货部门大量拖欠货款，后来不得不推迟和撤销部分项目，造成较大的经济损失和对外不良影响，也加剧了国民经济的比例失调。

4. 对外贸易在国民经济中所起的作用依然十分有限

1949~1978年，中国计划经济体制和闭关自守的对外政策决定了中国对外贸易在国民经济中的从属地位。在各种主客观因素作用下，中国实行了高度集中的计划经济体制并在对外经济关系上强调自力更生。这就决定了中国对外贸易在经济中的地位仅仅是"互通有无，调剂余缺"。当然，这一思想的形成有其历史的客观性与合理性，但面对世界高速增长的国际贸易，中国还是受限于贸易的体制与政策。改革与开放，已是必然选择。

第五章 对外贸易体制初步改革
（1979~1984）

第一节　对外贸易背景

1978 年 12 月 18~22 日，中国共产党十一届三中全会把改革开放确立为中国长期基本国策。这是新中国成立 29 年后，中国政府与人民对发展道路的正确选择。

十一届三中全会通过了邓小平的提议，制定了"在自力更生的基础上积极发展同世界各国平等互利的经济合作，努力采用世界先进技术和先进设备"的方针。1980 年 6 月 5 日，邓小平在接见美国和加拿大社论撰稿人访华团时，向外界宣布中国实行对外开放政策。他说："我们在国际上实行开放的政策，加强国际往来，特别注意吸收发达国家的经验、技术，包括吸收外国资金，来帮助我们发展。"这标志着中国对外经济关系已由封闭或半封闭状态走向对外开放。1982 年 12 月，中国通过的新宪法第十八条规定："中国坚持平等互利的原则，发展同世界各国的经济文化交流。允许外国企业和其他经济组织或个人依照中华人民共和国法律的规定在中国投资，同中国的企业或者其他经济组织进行各种形式的经济合作。"中国的对外开放从此有了法律保障，走上正轨，走向康庄大道。

第二节　对外贸易状况

一　总体状况

改革开放政策确立以后，中国在拓展外交关系的同时积极拓展对外贸易。中央政府部门对外贸管理体制进行了初步改革，外贸部门和外贸公司有了更多的自主权，积极扩大对外的进出口贸易。在宽松政策的激励下，中国的进出口贸易迅速有了起色，取得了明显的增长。这一时期，尽管 6 年中有 4 年是逆差，只有两年顺差，但整个外贸步伐越走越快，对外贸易总额占世界贸易的比重不断增加（参见表 5.1）。

表 5.1 1979～1984 年中国与世界进出口总额及相应比重

单位：亿美元，%

年份	世界	中国	中国占比
1979	33530	293.3	0.87
1980	41090	381.4	0.93
1981	40760	440.3	1.08
1982	38240	416.1	1.09
1983	37360	436.2	1.17
1984	39700	535.5	1.35

资料来源：世界贸易组织（WTO）数据，国研网整理。

1979～1981 年，中国货物贸易三年均为逆差，逆差额分别为 20.1 亿美元、19.0 亿美元、0.1 亿美元；从 1982 年开始，中国货物贸易转为顺差，1982 年、1983 年，顺差分别为 30.4 亿美元、8.4 亿美元；1984 年再次转为逆差，该年逆差为 12.7 亿美元。这表明，在改革开放初期，中国商品出口赚取外汇的能力并不强，加之国内大规模经济建设需要进口相当多的物资，因此逆差年份占多数。整体看，对外贸易基本实现平衡。

这一时期，中国进、出口依存度均值分别为 10.11%、9.98%，两者相当；对外贸易依存度的平均均值为 20.08%，且多数年份保持在这一水平。这表明对外贸易在国民经济中的地位稳步提高。1979～1984 年，中国进出口总额分别为 293.3 亿美元、381.4 亿美元、440.3 亿美元、416.1 亿美元、436.2 亿美元、535.5 亿美元，对外贸易依存度分别为 16.71%、20.26%、22.82%、20.59%、19.18%、20.91%。

这六年中，除 1982 年、1983 年两年外，中国对外贸易增长率均远高于中国 GDP 的增长率，表明对外开放政策已发挥积极的引导作用，改革开放使中国更广泛地融入了世界经济，对外贸易发展步伐正在加快。此阶段内，中国对外贸易增长率每年均大于世界贸易增长率。例如 1979 年，世界贸易增长率为 25.82%，中国对外贸易增长率为 42.10%；1980 年，世界贸易增长率为 22.55%，中国对外贸易增长率为 30.04%；1982 年，世界贸易增长率为 -6.18%，中国对外贸易增长率为 -5.50%；1984 年，世界贸易增长率为 6.26%，中国对外贸易增长率为 22.76%（参见表 5.2）。

表 5.2 1979～1984 年中国 GDP、中国对外贸易与世界贸易增长率

单位：%

年份	GDP	进出口		出口	进口
	中国	世界	中国	中国	中国
1979	19.18	25.82	42.10	40.10	43.89
1980	7.22	22.55	30.04	32.65	27.76
1981	2.50	-0.80	15.44	21.47	9.99
1982	4.73	-6.18	-5.50	1.41	-12.40
1983	12.51	-2.30	4.83	-0.40	10.89
1984	12.64	6.26	22.76	17.59	28.14

资料来源：中国 GDP 数据来自国家统计局国民经济综合统计司编《新中国五十年统计资料汇编》，中国统计出版社，1999。中国对外贸易额、世界贸易额数据来自世界贸易组织（WTO）数据，国研网整理。

二 主要贸易伙伴

这一时期，中国的对外贸易伙伴继续增加，日本和香港地区仍然是领头羊，美国份额迅速上升，中国对外贸易的伙伴更加多元化，开放经济的色彩开始斑斓。此阶段，中国与西方发达国家的贸易始终占主导地位，原因是中国需要从这些国家进口大量的建设技术和物资，又需要这些国家巨大的消费品出口市场。

1979～1984 年，日本、香港地区、美国、联邦德国与中国的进出口额一直稳居前四位，而且始终是日本排名第一、香港地区排名第二、美国排名第三、联邦德国排名第四。上述 4 个国家或地区与中国的贸易额占此期间的中国贸易总额的比重，每年均大于 50%。

1979~1984 年，澳大利亚、加拿大、新加坡、英国、罗马尼亚与中国的贸易额排名紧随上述 4 个国家或地区。这一时期，除上述国家以外，中国重要的贸易伙伴还有：阿根廷、埃及、澳门地区、巴基斯坦、巴西、比利时、波兰、朝鲜、民主德国、法国、菲律宾、古巴、荷兰、马来西亚、瑞士、苏联、泰国、叙利亚、意大利和约旦。

三　对外贸易结构与方式

（一）对外贸易商品结构

这一时期，中国大力发展劳动密集型产业，使劳动力资源和工业基础的比较优势很快地转化为出口优势，推动中国商品出口从以资源密集型为主向以劳动密集型为主转变。这一点可以从纺织品与五金矿产的净出口额对比中体现出来。1979~1984 年，中国纺织品年度净出口额分别为 16.1 亿美元、51.9 亿美元、-0.3 亿美元、15.8 亿美元、30.3 亿美元、35.3 亿美元，除 1981 年出现了微弱逆差外，6 年内 5 年为顺差；中国五金矿产年度净出口额分别为 -39.6 亿美元、-21.8 亿美元、-4.4 亿美元、-13.4 亿美元、-43.3 亿美元、-49.9 亿美元，6 年俱为逆差。

1. 进口结构

改革开放政策确立后，中国大力利用和进口现代科技成果装备传统产业，并与廉价的劳动力相结合，短时间内迅速地扩大了劳动密集型产业的生产规模。此时期，中国进口的显著特点是工业制成品的进口始终占主导地位。

此期间，中国工业制成品进口占年度进口总额的比重很高。1980~1982年，中国工业制成品进口额分别为 130.6 亿美元、139.8 亿美元、116.6 亿美元，占当年进口总额的比重分别为 65.2%、63.5%、60.4%。从 1983 年开始，中国工业制成品进口开始迅猛增加。1983 年、1984 年，工业制成品进口额分别为 155.8 亿美元，222.1 亿美元，各占当年全国进口总额的 72.9%、81.0%（参见表 5.3）。这个变化揭示出，随着改革开放的推进，中国对工业制成品的需求迅速增加，特别是机械及运输设备、轻纺产品、橡胶制品、矿冶产品，一直在总进口中维持高占比水平。1979 年，中国机械及运输设备进口额为 25.9 亿美元，占当年进口总额的比重为 16.5%，但到了 1984 年，机械及运输设备进口额为 72.5 亿美元，占比猛增到 26.4%。1979~1983 年，中国进口了汽车 129602 辆、起重机 2577 台、拖拉机 10737 台、机床 6426 台、飞机 64 架、船舶 232 艘。

表 5.3　1979~1984 年进口商品结构

单位：亿美元，%

年份	进口总额	初级产品		I		II		III		IV		V	
		金额	比重	金额	比重	金额	比重	金额	比重	金额	比重	金额	比重
1979	156.7	44.2	28.2	22.6	14.4	0.22	0.14	18.5	11.8	0.99	0.63	1.88	1.20
1980	200.1	69.6	34.8	29.3	14.6	0.36	0.18	35.5	17.7	2.03	1.01	2.39	1.19
1981	220.3	80.5	36.5	36.2	16.4	2.13	0.97	40.3	18.3	0.83	0.38	0.99	0.45
1982	192.9	76.3	39.6	42.0	21.8	1.3	0.67	30.1	15.6	1.83	0.95	1.08	0.56
1983	213.9	58.1	27.1	31.2	14.6	0.46	0.22	24.6	11.5	1.11	0.52	0.7	0.33
1984	274.2	52.1	19.0	23.3	8.5	1.16	0.42	25.4	9.3	1.39	0.51	0.8	0.29

年份	进口总额	工业制成品		VI		VII		VIII		IX		X	
		金额	比重	金额	比重	金额	比重	金额	比重	金额	比重	金额	比重
1979	156.7	112.5	71.8	10.4	6.6	—	—	25.9	16.5	—	—	—	—
1980	200.1	130.6	65.2	29.1	14.5	41.5	20.8	51.2	25.6	5.42	2.7	3.34	1.7
1981	220.3	139.8	63.5	26.1	11.8	40.4	18.3	58.7	26.6	5.58	2.5	9.1	4.1
1982	192.9	116.6	60.4	29.4	15.2	39.1	20.3	32.0	16.6	4.86	2.5	11.2	5.8
1983	213.9	155.8	72.9	31.2	14.9	62.9	29.4	39.9	18.7	7.82	3.7	13.4	6.3
1984	274.2	222.1	81.0	42.4	15.5	73.2	26.7	72.5	26.4	11.8	4.3	22.2	8.1

注：I，食品及主要供食用的活动物；II，饮料及烟类；III，非食用原料；IV，矿物燃料、润滑油及有关原料；V，动植物油、脂及蜡；VI，化学品及有关产品；VII，轻纺产品、橡胶制品、矿冶产品及其制品；VIII，机械及运输设备；IX，杂项制品；X，未分类的商品。

资料来源：中经网统计数据库。

此阶段，中国初级产品进口先增后降。1979 年、1980 年、1981 年，中国初级产品进口额分别为 44.2 亿美元、69.6 亿美元、80.5 亿美元，占当年进口总额的比重为 28.2%。34.8%。36.5%。1982 年，初级产品进口占比达到改革开放以来的峰值39.6%，其后呈现下降趋势。说明改革开放初期，中国农业及养殖业发展水平尚未跟上国民经济发展和人民消费水平提高的需要。1979~1982年，中国进口了糖521.4万吨，小麦4628.6万吨，大米86.4万吨，玉米684.7万吨，大豆200.8万吨，动植物油、籽101.6万吨（折油）。

2. 出口结构

改革开放以后，中国以新加坡、香港地区、韩国和台湾地区"四小龙"为榜样，采纳和推行了出口导向战略。随着这一战略的实施，工业制成品出口有了长足发展，中国出口产品结构呈现不断优化的趋势。

新中国成立以后，中国初级产品的出口比重长期超过工业制成品的比重。例如，1979年初级产品出口额占当年出口总额的比重为53.6%，工业制成品出口比重只有46.4%；1980年，初级产品出口额占当年出口总额的比重为50.3%，仍高于工业制成品出口占比。这一现象在1981年出现了历史性的转变。当年，中国出口总额为220.1亿美元，其中初级产品出口额为102.5亿美元，占当年出口总额的46.6%，工业制成品出口额为117.6亿美元，占当年出口总额的53.4%。工业制成品出口额首次超越了初级产品出口额，这在出口结构升级上具有里程碑式的意义。其后的1982年、1983年、1984年，工业制成品出口占比分别为55.0%、56.7%、54.4%，趋势性地超越了初级产品出口占比（参见表5.4）。

表5.4 1979~1984年出口商品结构

单位：亿美元，%

年份	出口总额	初级产品		I		II		III		IV		V	
		金额	比重	金额	比重	金额	比重	金额	比重	金额	比重	金额	比重
1979	136.6	73.2	53.6	—	—	—	—	—	—	—	—	—	—
1980	181.2	91.1	50.3	29.9	16.5	0.8	0.43	17.1	9.4	42.8	23.6	0.6	0.33
1981	220.1	102.5	46.6	29.2	13.3	0.6	0.27	19.5	8.9	52.3	23.8	0.9	0.40
1982	223.2	100.5	45.0	29.1	13.0	1.0	0.43	16.5	7.4	53.1	23.8	0.8	0.35
1983	222.3	96.2	43.3	28.5	12.8	1.0	0.47	18.9	8.5	46.7	21.0	1.1	0.47
1984	261.4	119.3	45.7	32.3	12.4	1.1	0.42	24.2	9.3	60.3	23.1	1.4	0.55

续表

年份	出口总额	工业制成品		VI		VII		VIII		IX		X	
		金额	比重	金额	比重	金额	比重	金额	比重	金额	比重	金额	比重
1979	136.6	63.4	46.4	—		—		—		—		—	
1980	181.2	90.1	49.7	11.2	6.2	40.0	22.1	8.4	4.7	28.4	15.7	2.1	1.1
1981	220.1	117.6	53.4	13.4	6.1	47.1	21.4	10.9	4.9	37.3	16.9	9.0	4.1
1982	223.2	122.7	55.0	12.0	5.4	43.0	19.3	12.6	5.7	37.1	16.6	18.1	8.1
1983	222.3	126.1	56.7	12.5	5.6	43.7	19.6	12.2	5.5	38.0	17.1	19.7	8.8
1984	261.4	142.1	54.4	13.6	5.2	50.5	19.3	14.9	5.7	47.0	18.0	16.0	6.1

注：I，食品及主要供食用的活动物；II，饮料及烟类；III，非食用原料；IV，矿物燃料、润滑油及有关原料；V，动植物油、脂及蜡；VI，化学品及有关产品；VII，轻纺产品、橡胶制品、矿冶产品及其制品；VIII，机械及运输设备；IX，杂项制品；X，未分类的商品。

资料来源：中经网统计数据库。

中国政府根据要素禀赋的特点，大力发展具有比较优势的劳动密集型产业，尤其是大力发展加工贸易，加速了中国出口导向的产业化进程，面向国际市场的轻纺、机电类劳动密集型产业发展迅速。这一时期，轻纺产品、橡胶制品、矿冶产品及其制品的出口占比提高到 20% 左右，位居工业制成品出口占比的第一位。工业制成品的出口成分中，机械及运输设备出口比重虽然并不大，但增长的趋势明显。1980~1984 年，机械及运输设备年度出口额分别 8.4 亿美元、10.9 亿美元、12.6 亿美元、12.2 亿美元、14.9 亿美元，占当年出口比重分别为 4.6%、4.9%、5.6%、5.5%、5.7%。1983 年，中国出口了机床 5690 台、汽车 1892 辆、缝纫机 49.5 万架、自行车 139.2 万辆。化学品及有关产品的出口占比为 6% 左右。1983 年，中国出口了烧碱 1 万吨、纯碱 0.5 万吨、硫化碱 4.7 万吨、石蜡 11.5 万吨。

（二）对外贸易方式：加工贸易的崛起

改革开放前，中国的对外贸易方式以一般贸易为主。自 20 世纪 70 年代末开始，"三来一补"形式的加工贸易开始起步，对中国的对外贸易及宏观经济产生了重大影响。

为推动出口贸易发展，避免对国内市场的过多冲击，在中国渐进式外贸体制改革伊始，中国政府制定实施了"两头在外，大进大出"的外贸政策，对外商投资企业做出"规定出口比例限制"。并且，由于实行价格双轨制，外商投资企业在使用中国所产的原材料时不能享受优惠的计划内价格，这推动了其投资加工贸易业。加工贸易产品出口销售渠道畅通、出口创汇额较为稳定，在较短时间内即成为中国出口创汇的主力军，进而迅速地扩大了中国对外贸易的规模。此时期，中国政府对加工贸易实施了一系列优惠政策，其中主要有：（1）对加工贸易料件实行保税政策；（2）对加工贸易进口料件实行宽松的贸易政策，除极少数敏感商品外，对加工贸易进口料件不实行进口数量限制；（3）除国家规定不予免税的少数进口商品外，对外商提供的加工贸易进口设备免征关税和进口环节增值税。①

1979年9月，国务院正式颁发了《开展对外加工装配和中小型补偿贸易办法》。随后，各有关部委和省区市政府也推出了一系列相关的配套鼓励政策和措施。在这些政策的推动和鼓励之下，加工贸易从小到大迅速地发展和壮大，并很快扩展到沿海地区，成为当时利用外资、扩大出口的主要贸易方式之一。到1980年，全国对外加工贸易出口额达到14.2亿美元，占当年全国对外贸易出口总值180.5亿美元的7.9%。

可以把20世纪70年代末到80年代中期视为中国加工贸易的崛起时期。这一时期，加工贸易基本上是在以广东、福建为主的沿海地区迅速兴起，后逐步向内陆推广。显然，这与政府的鼓励政策有关。1979年7月，中央政府决定广东、福建两省在对外经济活动中实行"特殊政策"和"灵活措施"，并在两省试办深圳、珠海、汕头和厦门4个经济特区。加上这些地区的独特优势——侨胞众多和与港澳邻近，这两个省在发展加工贸易中一马当先，取得巨大成功。两省成为当时中国沿海地区开展对外加工装配业务的主要基地。起初，两省主要承接一些纺织、服装等少数产品的简单加工，但它们很快就发展到加工一百多类的一千多种产品，涉及的行业有纺织、服装、玩具、人造花、电子、家用电器、鞋帽、工艺品、塑料等。不少外商为了提高经济效益，改变过去只在内地安排产品后期工序加工装配的做法，逐步把一些产品的前期加工工序也引入内地，加工中的技术含量水平有所提高。②

这一时期，一般贸易在中国对外贸易中仍然居于主导地位。1981~1984年，一般贸易占当年贸易总额的最低比率依然高达87.79%。1981~1984年，

---

① 孙玉琴：《中国对外贸易体制改革的效应》，对外经济贸易大学出版社，2005。
② 《中国加工贸易问题研究》课题组：《中国加工贸易问题研究》，经济科学出版社，1999。

一般贸易总额分别为 411.66 亿美元、411.30 亿美元、389.28 亿美元、470.11 亿美元，占当年贸易总额的比重分别为 93.52%、98.83%、89.24%、87.79%。

此时期，加工贸易在中国对外贸易中的地位开始迅速上升。1981～1984 年，加工贸易额分别为 26.35 亿美元、3.29 亿美元、42.16 亿美元、60.76 亿美元，占当年贸易总额的比重分别为 5.99%、0.79%、9.67%、11.35%，增长明显。

此时期，一般贸易及加工贸易以外的其他贸易方式在中国对外贸易中的比重很小，变化不大。1981～1984 年，其他贸易方式实现的贸易额分别为 2.19 亿美元、1.60 亿美元、4.76 亿美元、4.63 亿美元，分别占当年贸易总额的 0.50%、0.38%、1.09%、0.86%（参见表 5.5）。

表 5.5　1981～1984 年进出口分贸易方式总额及比重

单位：亿美元，%

年份	一般贸易					
	进出口总额	比重	出口总额	比重	进口总额	比重
1981	411.66	93.52	208.00	94.50	203.66	92.53
1982	411.30	98.83	222.45	99.66	188.85	97.85
1983	389.28	89.24	201.60	90.69	187.68	87.74
1984	470.11	87.79	231.62	88.61	238.49	87.01
年份	加工贸易					
	进出口总额	比重	出口总额	比重	进口总额	比重
1981	26.35	5.99	11.31	5.14	15.04	6.83
1982	3.29	0.79	0.53	0.24	2.76	1.43
1983	42.16	9.67	19.44	8.74	22.72	10.62
1984	60.76	11.35	29.29	11.21	31.47	11.48
年份	其他贸易					
	进出口总额	比重	出口总额	比重	进口总额	比重
1981	2.19	0.50	0.79	0.36	1.40	0.64
1982	1.60	0.38	0.22	0.10	1.38	0.72
1983	4.76	1.09	1.26	0.57	3.50	1.64
1984	4.63	0.86	0.49	0.19	4.14	1.51

资料来源：傅自应主编《中国对外贸易三十年》，中国财政经济出版社，2008。

第三节 对外贸易体制的初步改革

这一时期，作为经济体制改革的重要组成部分，中国对外贸易体制进行了重大的调整，主要内容包括：调整国家外贸管理机构；打破独家垄断经营，下放外贸经营权；开展工贸结合试点；推行进出口代理制；加强外贸行政管理；改革外贸计划体制；改革外贸财务体制；等等。

一 调整国家外贸管理机构

为加强引进技术和利用外资的管理，同时做到进出口与外汇平衡，中国政府于 1979 年 8 月成立了中华人民共和国进出口管理委员会和外国投资管理委员会。为适应外贸体制改革的要求，1980 年，国务院批准将对外贸易部直属的海关管理局调改为中华人民共和国海关总署，将对外贸易部直属的进出口商品检验总局调改为中华人民共和国进出口商品检验总局。1982年 3 月，第五届全国人大常委会第二十二次会议通过决议，把原对外贸易部、对外经济联络部、国家进出口管理委员会、国家外国投资管理委员会合并成立对外经济贸易部。经过调整，基本上理顺了政府部门对外贸的管理关系。

二 打破独家垄断经营，下放外贸经营权

为打破贸易经营垄断，释放市场活力，中国政府采取的改革措施主要有以下几个方面。（1）逐步下放外贸进出口总公司的经营权，扩大地方的外贸经营权，以调动地方和生产企业发展外贸的积极性。（2）根据中共中央和国务院关于对广东、福建实行特殊政策、灵活措施的决定，相应扩大这两省的外贸经营权。其产品除个别品种外，全部由省外贸公司自营出口。同时，规定广东、福建两省可以自主安排和经营本省对外贸易，批准设立产销结合的省属外贸公司。（3）决定各地方经过批准可以成立地方外贸公司。北京、天津、上海、辽宁、福建等省市分别成立了外贸总公司，在不同程度上增加了外贸自营业务。（4）批准 19 个中央有关部委成立进出口公司，如中国机械设备进出口总公司、中国船舶进出口公司等，将原来由对外贸易部所属进出口公司经营的一些进出口商品，分散到有关部门所属的

进出口公司经营，扩大了贸易渠道，增强了产销结合。（5）陆续批准一些大中型生产企业经营本企业产品的出口业务和生产所需的进口业务。1979年以后成立的众多"三资"生产企业也拥有本企业产品出口和有关原材料进口的经营权。

三　开展工贸结合试点

针对长期以来工贸分离、产销脱节造成的一系列问题，政府开展了多种形式的工贸结合试点。第一种是外贸公司与工业公司专业对口联营，实行"四联合，两公开"，即联合办公、联合安排生产、联合对外洽谈、联合派小组出国考察；外贸的出口商品价格对工业部门公开，工业生产成本对外贸部门公开。第二种是工业企业和外贸企业共同出资出人直接组建工贸公司，如上海玩具公司、北京抽纱公司、北京地毯公司等。第三种是全国性的工贸联合公司。如1982年2月成立的中国丝绸公司即属于这种类型，它把工商贸、产供销紧密结合起来，原属纺织工业部、对外贸易部、商业部和中华全国供销合作总社这三部一社管理的全国的麻、生丝和纺织品的收购、生产、内外销业务都由其经营和管理，相当于参与或分享了中国纺织品进出口公司的丝绸进出口业务。第四种是地方性的工贸联合公司。如1982年4月成立的青岛纺织品联合进出口总公司即属于这种类型，它由青岛市9个国营纺织厂联合建立，试行从纺织、印染到针织、服装，实行生产"一条龙"，工贸结合，进出口结合。第五种是经营实体的外贸公司。它由生产同类产品的企业和公司组成联合体，直接对外经营出口业务。这种形式的公司有机械工业部所属的中国轴承进出口有限公司、中国磨具磨料进出口有限公司、中国电线电缆进出口有限公司、中国电瓷进出口有限公司等出口联营公司。

四　推行进出口代理制

进出口代理制指外贸企业为生产企业积极开拓国际市场，受生产企业委托办理进出口业务，收取一定的代理费用，并承担相应的经营和法律责任，而价格和其他合同条款的最终决定权属生产企业，进出口盈亏和履约责任最终也由生产企业承担。1984年9月，国务院批准的外贸体制改革方案中就强调了进出口实行代理制的问题。党的十三大和国务院《关于国民经济和社会发展十年规划和第八个五年计划纲要的报告》中又重申了推行进出口代理制的问题。

进出口代理制是工贸结合的一种较好的形式。它能充分体现社会分工的原则，发挥各自的优势，对建立工贸之间长期稳定的产销合作关系、携手共同开拓市场、降低生产与营销成本、形成规模效益都有着重要的作用。实行进出口代理制，可以使外贸企业摆脱忙于国内收购业务的倾向，集中精力掌握国际市场动态，为生产企业进入国际市场创造条件。通过广告宣传、反馈信息、发展新的销售网和售后服务网，建立装配厂、仓储分拨基础设施等。外贸企业可以不断改进服务，增强代理能力，扩大出口商品的贸易渠道。而生产企业可以按照国际市场的需要集中精力组织出口商品的生产，提高产品质量，降低生产成本，改进包装，并不断推出新品种，提高出口商品的竞争能力。

五 加强外贸行政管理

改革开放以后，中国重新调整和改进了外贸的行政管理，措施包括以下几个方面。（1）自1980年起恢复了对部分进出口商品的许可证制度。（2）对部分出口商品实行配额管理。（3）重新设立驻口岸的特派员办事处。1983年，对外经济贸易部先后在广州、上海、天津、大连四个主要口岸设立驻口岸的特派员办事处，主要任务是负责审批和签发部分进出口商品的许可证。（4）逐步实行对设立外贸企业的管理。1982年，对外经济贸易部根据国务院授权，对外贸企业的设立实行归口集中管理，管理内容主要是审批管理各部委和地方设立的各类外贸企业。（5）对出口商品商标的协调管理。协调管理的范围和内容是，研究和制定有关出口商品商标管理的方针政策和规章制度，并组织实施；监督和检查全国各地区出口商品商标在国内外的使用和注册情况；协调各出口单位之间以及与生产企业之间使用出口商品商标的关系，处理商标争议；等等。（6）加强对外国企业在中国设立常驻代表机构的管理。

六 改革外贸计划体制

改变外贸计划全部由外贸专业总公司承担的局面。随着外贸经营权的下放，规定凡经批准经营进出口业务的单位和企业，都要承担国家出口计划任务。自 1984 年起，对部分中心城市的外贸计划在国家计划中实行单列，视同省一级计划单位，享有省级外贸管理权限。

七 改革外贸财务体制

改革外贸财务体制的措施包括以下几个方面。第一，让外贸企业在财务上与其主管部门脱钩。第二，改变对出口商品和进口商品的征税办法。进口盈利较大的商品，由国家征收进口调节税；对出口不盈不亏的商品不再征税；退出口税后仍有差额的出口商品，国家给以定额扶持。进口盈利的商品，除国家批准免税的以外，一律照章征收关税，对少数盈利大的商品提高关税税率。第三，执行国务院批转财政部《关于国营企业试行企业基金的规定》。凡独立核算的外贸企业，全面完成销售额、进货额、利润额、费用水平和资金周转次数五项计划指标的，按照全国工资总额的 5% 提取企业基金，没有全面完成指标的，则相应适当扣减。把企业提取基金与企业对国家的贡献大小、经营好坏直接挂钩，促使企业必须重视经济效益。

第四节 出口导向贸易政策的形成

这一时期，为推动对外贸易的快速发展，中国在对外贸易政策方面有诸多的改革和调整。主要的政策包括：外汇留成；对现行外贸出口商品实行分类经营、税率调整；加强技术和设备的引进工作、成立专业贸易公司；增加口岸和调整口岸分工、逐步改变出口商品结构；扩大生产企业经办外贸的权限、大力组织商品对外销售；对"以进养出"的物资实行优惠税制、改变出口贸易收汇结算办法和兑换牌价；等等。

一 外汇留成

1979 年 8 月 13 日，国务院颁发《关于大力发展对外贸易增加外汇收入的若干问题的规定》（即十五条），决定实行贸易和非贸易外汇留成制度，并于 1982 年 3 月修订了《出口商品外汇留成试行办法》。按该规定，外汇由国家集中管理，统一平衡，主要用于国家重点建设。同时，实行外汇留成制度，区别不同情况，适当留给地方、部门和企业一定比例的外汇，以利于调动各方面的积极性，解决发展生产、扩大业务所需要的物资进口。

出口商品的外汇留成，在保证国家调拨任务和市场供应的前提下，各部门、各地区供应出口的商品，以上年外贸实际收购为基数，增长部分的收汇，中央部门管理的商品留成20%，地方管理的商品留成40%。中央部门管理的商品留成外汇，分给主管部、地方和企业各三分之一；地方管理商品的留成外汇，也要适当分给地、县和企业一部分。"以进养出"（包括进料加工）的出口商品，按净创汇额留成15%，来料加工、装配业务的工缴费收入，留成30%。旅游收汇一般留成30%~50%。经过批准，新开辟的游览区，在开创三年内，收汇全部留给地方，用于游览区建设。赡家侨汇留成30%，用于解决侨眷、归侨的商品供应。建筑侨汇留成40%，用于解决侨眷、归侨建房材料。在侨眷集中地区，成立建筑公司，保证房屋建设。港口收汇，包括外轮供应和服务、外轮代理、港口装卸等劳务收入，地方和港口共留成20%，友谊商店收汇留成20%。

执行结果是：1979年全国出口留成8.54亿美元，占当年出口收汇的6.5%；1980年全国出口留成15.79亿美元，占当年出口收汇的9%。两年出口留成外汇共24.33亿美元，加上中央每年拨给省、自治区、直辖市的5亿美元外汇和各种非贸易留成外汇等，共46.25亿美元，其中，地方分得36.66亿美元，中央有关部门分得9.59亿美元。

二　分类经营

1981年11月，对外贸易部拟定了《关于外贸出口商品实行分类经营的规定》，并从1982年开始试行。出口商品分为三类经营，第一类：对少数大宗、重要的商品，以及出口有特殊加工、整理、配套、出运要求的商品，由外贸专业进出口总公司（包括工业部门的进出口总公司，下同）统一经营或负责组织联合统一对外成交，由省、自治区、直辖市交货、履约，或由内地省拨交口岸对外交货履约。第二类：对各地、各部门交叉经营、国外市场竞争比较激烈的，以及国外对中国商品进口有配额、限额限制的出口商品，在外贸专业进出口总公司组织协调下分别由经营出口的省、自治区、直辖市自行对外成交，出口任务归各地，对尚不能自营出口的省、自治区、直辖市仍维持目前的调拨办法不变。第三类：不属于上述两类的出口商品全部由省、自治区、直辖市自行经营出口，对暂时不能自营出口的，可委托总公司或口岸分公司代理。

此外，对朝鲜、蒙古国、古巴、苏联、东欧国家等国家政府间的协议贸易，由对外经济贸易部组织谈判，签订协议，并由外贸专业进出口总公司签订合同或由总公司组织有关分公司、有关企业签订合同，由省、自治区、直辖市和企业交货、结汇，出口任务归省、自治区、直辖市和企业。供应香港、澳门地区的鲜、活、冷冻商品仍按现行配额管理办法和经营管理体制办理。根据权责利统一的原则，实行经济责任制，改变吃"大锅饭"的财务制度，逐步做到在核定换汇成本的基础上，由各经营地区或单位自负盈亏，在财务体制下放前仍按当时财务隶属关系办理。对外经济贸易部可根据国际市场的变化和国内生产情况的变化，在同各有关方面充分协商的基础上及时调整出口商品经营分类。对矛盾尖锐、协调有困难的商品可实行出口许可证制度。

三　关税政策

党的十一届三中全会以后，中国经济体制开始全面改革，逐步由计划经济向商品经济、市场经济转变。与之相适应，从1979年开始，中国在关税政策上进行了一系列的调整。1982年、1984年，两次对进出口税则进行全面修改。提出了贯彻国家对外开放政策，鼓励出口与扩大必需品进口，保护和促进国民经济发展，保证国家关税收入的关税改革方针。

改革开放以前共进行过19次税率的局部调整。总体上看，这19次调整的范围很小，税率调整幅度也不大。1979年召开的全国海关工作会议提出要发挥关税的作用，指出："要研究关税和外贸企业利润分开的问题。进出口税则已不能完全适应需要，对明显过高的税率要做局部调整，以利于发展生产。"1982年底，第五届全国人大第五次会议召开，批准通过了《中国国民经济和社会发展的第六个五年计划》，关税政策改革也列入计划。该计划指出，"要适时调整关税税率，以鼓励和限制某些商品的出口和进口，做到既有利于扩大对外经济技术交流，又能保护和促进国内生产的发展"。

改革开放后的关税调整，充分体现了促进扩大对外经济技术交流的目标，调整范围广，税率开始有所下降。这一时期税率调整的具体情况是：1980年9月25日，为了保护国内生产，平衡国内外价格，国家提高了个人自用进口的电视机、收录音机和电子计算器的关税，同年11月1日，将这三种商品的进口关税税率从60%、60%和40%都提高到80%。这是中国第

20次调整税率。

1982年1月1日，为了适应国民经济调整，扩大对外经济贸易，积极开展加工贸易的方针政策，进行了新中国成立以来和改革开放以来最大范围的税率调整，共调整了149个税号的税率，在当时海关税则939个税号中占15.9%。这是第21次调整税率，也是中国关税政策改革的起点。此次关税调整的具体情况是，（1）以低税鼓励国内在相当时期内不能生产或生产不足的短缺原材料进口。对有些属于自然性质的原料或原料性产品，如橡胶、木材、木材制品、夹板、生皮、皮革、纸浆、普通印书纸、印报纸、包装纸等，当时国内生产不足，较长时期需要进口，而当时税率偏高或不合理的，适当降低了税率。（2）调低国内要求大力发展的短线部门的产品的税率。对能源物资、部分化工原料、部分轻纺工业机械设备等，国内有需要，当时税率偏高，不利于争取进口的商品适当降低了税率。（3）将零部件税率调至比整机低。关税税则调整前，机械设备、仪器、运输工具等的零部件税率，大多与整机相同，有的还高于整机。为了有利于国内机械加工工业的发展，对需要进口的零部件的税率都调整到比整机低。（4）调高国内能生产的动力机械、农业机械、采矿、石油、冶金工业机械、一般通用机械、机床、电机、汽车、机动船舶、民用电器产品等的税率，以保护国内生产和销售。（5）对纺织原材料、普通钢铁材料等由于科技、生产的发展而出现的税率高低不平衡的情况进行了调整。（6）对某些商品如烟、酒、丝质衣着装饰品等，适当调低了税率。

1982年6月，国家决定对34种商品开征出口关税，主要是：（1）盈利特别高，且比较稳定的大宗出口商品，在国际市场上出口已占相当比重的商品；（2）国际市场容量有限，盲目出口，容易在国外形成削价竞销的商品；（3）国内紧俏又要大量进口的商品；（4）国家控制出口的商品。此次国家决定开征出口关税的主要原因，一是有些商品出口盈利较大。因为当时贸易外汇实行1美元兑2.80元的内部结算价，而国家正式外汇牌价为1美元兑1.50元左右，使出口商品盈利大大增加。不少部门和地方争相出口利大商品，影响国家计划的安排和调拨，有的甚至对内抬价争购，对外削价竞销，影响国内物价稳定，也影响出口外汇收入。二是控制不正常的进出口贸易。有些商品（如砂糖等），国家大量进口，部分地区却要出口，增加运输和港口装卸的困难。三是有些商品属于国内重要战略资源，大量出口对中国长期经济发展不利。因此，除了从出口许可制度上加强行政管理以外，对一部分出口利润较大的商品征收一定的出口关税，用经济手段进行调节是十分必要的。[①]

第五节　对外贸易体制与实践评价

党的十一届三中全会实行对外开放的政策后的短短几年，中国的对外开放和对外贸易取得了显著的进展和成就，经济建设迅速推进，对外贸易走向繁荣。这证明了对外开放政策的重要性和正确性。

一　进出口总额创历史最好水平，对外贸易关系有新进展

这一时期，中国对外贸易占世界贸易的位次不断靠前。1984 年，中国 GDP 为 2561.07 亿美元，中国进出口总额为 535.5 亿美元，占当年 GDP 比重为 20.91%。1984 年，中国与世界上 176 个国家建立贸易关系，并同其中 93 个国家和欧洲共同体签订政府间贸易协定和议定书。中国与世界不同类型国家和地区的贸易额都有增长。[②]

二　出口商品品种大量增加，出口贸易结构逐步优化

此时期，中国出口产品的品种由新中国成立初期的不到 1 万种，发展到 5 万多种。骨干商品和"拳头"商品出口不断增加，累计已有 40 个商品出口额占世界第一位，其中大部分是土特产品。此外，还有蚕丝、棉布等加工品以及黑白钨丝、锑等贵重稀有金属。出口贸易结构发生了明显变化。1984 年，中国出口石油 2341 万吨，占全国出口创汇的 1/4。"以进养出"商品的出口占出口额的 1/3。机电产品销往 142 个国家，占出口总额的 1/10 左右，并且由一般产品向中高档和成套设备发展。中国的贸易结构向合理化、高端化的方向发展。

三　利用外资方式多样化，规模迅速扩大

1979 年以后，中国政府在利用外资方面采取了多项重大措施，制定 40

① 杨圣明主编《中国关税制度改革》，中国社会科学出版社，1997。
② 赵德馨主编《中华人民共和国经济史（1967—1984）》，河南人民出版社，1989。

多部涉外经济法规，与美国、加拿大、瑞典、罗马尼亚等国签订有关保护投资安全的协定。1980 年 4 月 17 日和 5 月 15 日，中国相继恢复在国际货币基金组织和世界银行、国际开发协会、国际金融公司的合法代表权。这些为中国利用外资创造了有利条件。1978 年前，中国利用外资的方式，主要是通过买方信贷进口西方国家的成套机器设备。1978 年后，中国利用外资的方式逐渐多样化。在吸收国外贷款方面，采取利用外国政府、银行、国际金融组织贷款和国际金融市场发行外币债券等多种形式。在吸收国外直接投资方面，采取举办中外合资企业、合作经营、合作开发、补偿贸易、加工装配、租赁以及外商独资兴办企业等方式。

随着吸收外资方式的多样化，利用外资的规模日益扩大。截至 1984 年底，中国利用外资的协议金额达 253 亿美元，其中直接投资额为 103.5 亿美元，间接投资为 149.5 亿美元。实际利用外资金额 172 亿美元，相当于同期国内基本建设总投资额的 10% 左右。投资者来自中国港澳地区的居多，其次来自美国、日本、英国、法国、瑞士、比利时、联邦德国、意大利、挪威、瑞典等 20 多个国家和地区。

四 加工贸易迅速发展

这一时期，中国的加工贸易发展很快。虽然多数加工贸易处于全球价值链低端，国内价值链有待进一步延伸，但随着中国利用外资水平和贸易自由化程度的提高，加工贸易的档次也在提高，为下一步加速加工贸易的升级打好了基础。快速发展的加工贸易对中国出口结构和产业结构的优化也发挥了积极的作用，较大地提高了中国在国际产业分工中的地位。[①]

五 有计划、有选择地引进先进技术

1978 年，盲目追求大计划、高指标，造成技术引进工作的失误。后来，对技术引进的内容和方式进行了较大调整。1981 年 1 月。国务院在《技术引进和设备进口工作暂行条例》中规定："严格控制成套设备的进口，着重引进适用而先进的技术。"

经过调整，技术引进的重点和方式发生了变化。引进重点由过去以新

---

① 孙玉琴：《中国对外贸易体制改革的效应》，对外经济贸易大学出版社，2005。

建项目为主，转向以对现有企业进行技术改造为主。1981~1984 年的引进合同中，除少数成套设备合同（如电站设备合同等）为新建项目外，其余大多数为改造现有企业项目。引进方式由过去以引进成套设备为主，转向以采用许可证贸易、合作生产、顾问咨询和技术服务为主。如 1984 年的引进合同中，许可证贸易、合作生产、顾问咨询和技术服务四类合同占全年合同总数的 67.1%。这四类引进方式中，技术许可证贸易方式又占主导地位，其合同数占全年技术引进合同总数的 41%，合同总金额达 1.82 亿美元，占全年合同总金额的 19.2%。1979~1984 年，中国引进技术总额达到 64.5 亿美元。1984 年，中国同有关国家和地区签订的技术合同共计 322 项，合同总金额为 9.5 亿美元，比 1983 年的合同数和金额分别增长 51.6% 和 69.8%。

第六章　对外贸易承包经营责任制改革
（1984~1989）

第一节　对外贸易背景

1984~1989年，中国所面临的国际政治和经济形势发生了重大的变化。西方国家以贷款、贸易、科技和意识形态渗透等各种手段促使东欧国家向西方靠拢，向资本主义"和平演变"。1988年，中国同苏联、东欧国家的贸易额为64.3亿美元，占中国对外贸易总额的8%，其中中苏贸易额为32亿美元，苏联已成为中国的第五大贸易伙伴。中国同苏联、东欧国家其他方面的经济技术合作也开始起步。同苏联签订的承包和劳务合同人数已达1.5万人。东欧局势变化和持续动荡，1988年下半年对中国的对外贸易影响较大，1989年更为明显。

1978年12月党的十一届三中全会以后，中国开始实行改革开放的国家战略，进行经济体制改革，其中包括外贸体制的改革。从1984年第四季度开始，中国经济发展过程中出现了一些新问题：固定资产投资规模过大，消费基金增长过猛，货币发行过多，出现了新中国成立以来少有的经济过热局面。经济过热局面成为整个"七五"期间不得不认真对待的难题。

"七五"期间可以分为两个阶段，前一阶段从1986年到1988年9月，特点是经济发展持续过热，不稳定因素增加；后一阶段从1988年9月到1990年，为经济的治理整顿时期。"七五"时期是实现党的十二大提出的到20世纪末"工农业总产值翻两番""前10年打基础"战略部署的重要时期，也是新旧体制转轨过程中两种体制并存又激烈冲突的时期。"七五"时期经济体制改革步伐加快，通过改革，中国经济体制的格局和国民经济运行机制都发生了重大变化，为以后的进一步深化改革奠定了基础。

1984 年 10 月 20 日，党的十二届三中全会一致通过《中共中央关于经济体制改革的决定》，明确提出"进一步贯彻执行对内搞活经济、对外实行开放的方针，加快以城市为重点的整个经济体制改革的步伐"。改革的基本任务是建立起具有中国特色的、充满生机和活力的社会主义经济体制，促进社会生产力的发展。1987 年 10 月 25 日至 11 月 1 日，中国共产党第十三次全国代表大会举行，大会总报告阐述了社会主义初级阶段理论，提出了中国在社会主义初级阶段"一个中心，两个基本点"的基本路线，制定了到 21 世纪中叶分三步走、实现现代化的发展战略，并提出了政治体制改革的任务。党的十三大是十一届三中全会以来路线的继续、丰富和发展，开辟了具有中国特色的社会主义建设之路。

第二节 对外贸易状况

一 总体状况

1984～1989 年，是中国外贸企业承包经营责任制改革全面推进阶段。国家财政对外贸企业的补贴尚未取消，外贸经营主体尚未确立起真正的市场主体地位，外商投资企业的出口导向型特征初具雏形。从表 6.1 可以看出，这一阶段对外贸易虽有很大增长，特别是 1988 年对外贸易总额迈上了千亿美元台阶，但外商投资企业的出口比重还很低，每个年份的对外贸易都出现逆差状况。说明在此阶段，中国出口贸易整体上比较优势尚不够强大。1984～1989 年，中国的外贸依存度逐年上升，从 1984 年的 17.08%上升到1988 年的 27.34%。由于受国际环境的影响，中国在 1989 年的外贸依存度较 1988 年有所下降。

表 6.1 1984～1989 年中国对外贸易情况

单位：亿美元，%

年份	进出口总额	增长率	外贸依存度	出口总额	进口总额	差额	外资企业出口总额	比重
1984	535.49	22.76	17.08	261.4	274.1	-12.7	0.69	0.26
1985	696.02	29.98	24.18	273.5	422.5	-149.0	2.97	1.09

续表

年份	进出口总额	增长率	外贸依存度	出口总额	进口总额	差额	外资企业出口总额	比重
1986	738.46	6.10	26.66	309.4	429.0	-119.6	5.82	1.88
1987	826.53	11.93	27.31	394.4	432.2	-37.8	12.10	3.07
1988	1027.84	24.36	27.34	475.2	552.7	-77.5	24.61	5.18
1989	1116.78	8.65	26.09	525.4	591.5	-66.1	49.14	9.35

资料来源：根据 1984~1990 年《中华人民共和国海关统计年报》《中国统计年鉴》整理。

与此同时，中国出口贸易在世界贸易中所占比例稳步提高。1984 年，中国贸易占世界贸易总额的 1.35%，至 1989 年，已上升到 1.70%.

从表 6.2 可以看出，这一阶段劳动密集型产品已成为中国的比较优势产品，初级产品的出口比重大大降低了，从而实现了出口结构从资源型向轻型化、劳动密集化的转变。

表 6.2 中国出口的比较优势形成情况

	农产品		矿产品		劳动密集型		资本密集型		制造业	
	1985 年	1989 年	1985 年	1989 年	1985 年	1989 年	1985 年	1989 年	1985 年	1989 年
商品比重	21.7	12.4	28.8	9.4	35.5	50.8	12.9	26.8	50.4	80.1
世界市场份额	2.3	2.4	1.9	1.6	5.2	10.3	0.4	1.2	1.2	2.8
比较优势指数	1.5	0.9	1.3	0.6	3.3	4.0	0.3	0.5	0.8	1.1

注：比较优势指数（RCA），为中国出口商品比重与世界出口商品平均比重的比值。
资料来源：宋立刚《贸易自由化与商品结构变化》，北京学术研讨会论文，1996。

二 主要贸易伙伴

1984~1989 年，政府在改革开放中不断取得成功，对市场经济的认识逐渐深化，对外贸体制进行了初步的探索和改革。主要贸易伙伴的位次继而也发生了变化，前 20 位的主要贸易对象排名很不稳定，但主要贸易伙伴是日本、香港、美国、联邦德国、约旦、英国、苏联、法国、新加坡、加拿大、澳大利亚、苏联、巴西、意大利这 14 个国家和地区。

在这段时期，排名前六位的主要是日本、美国、香港地区、联邦德国、苏联和新加坡。其中，1984～1986 年都是日本排名第一，香港地区排名第二、美国排名第三、联邦德国排名第四、新加坡和苏联分别列第五、第六位。而在 1987～1989 年，香港地区取代日本排名第一，日本退居第二，美国保留第三的位置，其中 1987 年巴西跃居第四，联邦德国保留第五，1988年和 1989 年都是联邦德国和苏联保持第四和第五的位置。

这一时期，中国与各大洲的进出口贸易总额、贸易绝对额都在逐年增加，其中亚洲增加额最大，从 1984 年的 312.9 亿美元增加到 1989 年的678.6 亿美元，增加了 365.7 亿美元。其中，日本和香港地区是中国在亚洲最重要的贸易伙伴。欧洲与中国双边贸易额从 99 亿美元大幅度增加到 235亿美元，北美洲从 78.6 亿美元增加到 137.6 亿美元，拉丁美洲则从 16.4 亿美元增加到 29.68 亿美元。中国与非洲贸易额增幅较小，也极其不稳定。这一趋势显示，中国的对外贸易正随着的产业结构的升级而更多地参与了世界经济的循环。

三　对外贸易结构与方式

（一）对外贸易商品结构

中国外贸的发展与进出口商品结构的优化相辅相成。正是得益于这一结构性转变，越来越多体现中国比较优势的产品进入国际市场，并创造性地实现了中国外贸的持续高增长。

改革开放之初的 1978～1984 年，中国的出口主要依赖初级产品，其中石油一直是中国最主要的外汇收入来源。工业制成品的比重在 50% 以下，其中主要又是加工程度较低的纺织品（如棉布、纺纱等）和矿冶产品。这种较低层次的出口结构，并没有发挥出中国劳动力丰富的比较优势。

20 世纪 80 年代，中国在巩固发展轻纺产品出口的同时，大力发展机电产品出口，出口商品结构进一步改善，工业制成品出口比重达到 80%，其中机电产品和纺织品及服装占出口总额的比重分别上升到 15.8% 和 25%。为了鼓励出口，1984 年底，中国开始积极采取措施。经过一两年的外贸体制改革政策刺激后，外贸领域逐渐打破行政"条块"，地方外贸公司自负盈亏，外贸领域进入了竞争年代。而这种竞争使企业开始重新审视"以产定销"的贸易形式，经营理念逐步从"卖方市场"朝着"买方市场"迁移。1985年之后，中国的出口结构开始出现新的发展趋势，逐渐走上了一条发挥劳动力优势、出口劳动密集型产品的轻型化转轨之路。中国出口产品经历的第一次大的结构性转变发生在1986年，纺织服装出口首次超过石油出口，标志着中国出口主导产品由20世纪70年代的以资源密集型产品为主转变为以劳动密集型产品为主。1986~1989年，初级产品出口比重逐年下降，1989年降低到28.7%，而工业制成品（低加工的纺织品、服装、鞋等典型劳动密集产品）逐年上升，1989年出口额占当年出口总额的71.3%，比1984年提高了近17个百分点，中国出口实现了资源型向轻型化和劳动密集化的演变（参见表6.3、表6.4）。

表6.3　1984~1989年中国出口商品结构

单位：亿美元

	1984年	1985年	1986年	1987年	1988年	1989年
总额	261.39	273.50	309.42	394.37	475.16	525.38
初级产品	119.34	138.28	112.72	132.31	144.06	150.78
食品及主要供食用的活动物	32.32	38.03	44.48	47.81	58.90	61.45
饮料及烟类	1.10	1.05	1.19	1.75	2.35	3.14
非食用原料	24.21	26.53	29.08	36.50	42.57	42.12
矿物燃料、润滑油及有关原料	60.27	71.32	36.83	45.44	39.50	43.21
动植物油、脂及蜡	1.44	1.35	1.14	0.81	0.74	0.86
工业制成品	142.05	135.22	196.70	262.06	331.10	374.60
化学品及有关产品	13.64	13.58	17.33	22.35	28.97	32.01
轻纺产品、橡胶制品、矿冶产品及其制品	50.54	44.93	58.86	85.70	104.89	108.97
机械及运输设备	14.93	7.72	10.94	17.41	27.69	38.74
杂项制品	46.97	34.86	49.48	62.73	82.68	107.55
未分类的商品	15.97	34.13	60.09	73.87	86.87	87.33

资料来源：根据1984~1990年《中华人民共和国海关统计年报》《中国统计年鉴》整理。

表 6.4　1984~1989 年初级产品出口额和工业制成品出口额比重

单位：亿美元，%

年份	出口总额	初级产品出口额	比重	工业制成品出口额	比重
1984	261.39	119.34	45.66	142.05	54.34
1985	273.50	138.28	50.56	135.22	49.44
1986	309.42	112.72	36.43	196.70	63.57
1987	394.37	132.31	33.55	262.06	66.45
1988	475.16	144.06	30.32	331.10	69.68
1989	525.38	150.78	28.70	374.60	71.30

资料来源：根据 1984~1990 年《中华人民共和国海关统计年报》《中国统计年鉴》整理。

这一时期商品结构的变化清晰地折射在了素有外贸"晴雨表"之称的广交会之上。一批适销对路的服装、玩具、鞋类等成为广交会上的主打产品；缝纫机、自行车、日用五金百货等开始取代传统的农副土特产品。反过来，通过广交会这个对接国际市场的窗口，国内企业可以直接参与国际竞争，又进一步促进了产品形式和种类的创新。必须指出的是，这一时期的商品技术含量和附加值仍然较低，在国际上能叫得上牌子的产品屈指可数。

引领中国产品转型升级的外来关键因素，则是外资企业的带动与影响。20 世纪 80 年代，加工贸易主要是与香港、东南亚地区投资企业合作的轻加工制成品，如服装、纺织品、箱包、鞋类产品的出口。境外企业利用与国际市场的联系、技术和管理经验，与中国低成本的劳动力和土地资源相组合，形成了新的出口竞争优势。

表 6.5　1984~1989 年中国进口商品结构

单位：亿美元，%

	1984 年	1985 年	1986 年	1987 年	1988 年	1989 年
总额	274.10	422.52	429.04	432.16	552.75	591.40
初级产品	52.08	52.89	56.49	69.15	100.68	117.54
食品及主要供食用的活动物	23.31	15.53	16.25	24.43	34.76	41.92

续表

	1984 年	1985 年	1986 年	1987 年	1988 年	1989 年
饮料及烟类	1.16	2.06	1.72	2.63	3.46	2.02
非食用原料	25.42	32.36	31.43	33.21	50.90	48.35
矿物燃料、润滑油及有关原料	1.39	1.72	5.04	5.39	7.87	16.50
动植物油、脂及蜡	0.80	1.22	2.05	3.49	3.69	8.75
工业制成品	222.02	369.63	372.55	363.01	452.07	473.86
化学品及有关产品	42.37	44.69	37.71	50.08	91.39	75.56
轻纺产品、橡胶制品、矿冶产品及其制品	73.18	118.98	111.92	97.30	104.10	123.35
机械及运输设备	72.45	162.39	167.81	146.07	166.97	182.07
杂项制品	11.82	19.02	18.77	18.78	19.82	20.73
未分类的商品	22.20	24.55	36.34	50.78	69.79	72.15
初级产品比例	19.00	12.52	13.17	16.00	18.21	19.87
工业制成品比例	81.00	87.49	86.82	84.01	81.79	80.13

资料来源：根据 1984~1990 年《中华人民共和国海关统计年报》《中国统计年鉴》整理。

表 6.5 显示了这段时期中国的进口商品结构。从表中可以看出以下几点规律。

（1）1985 年和 1986 年中国进口的初级产品所占比重略有下降，但从 1985 年开始，初级产品进口比重依次上升，在 1989 年达到这一时期的最高，为 19.87%。

（2）1985~1989 年中国进口的工业制成品所占比重不断下降，其比重由 1985 年的 87.49% 下降至 1989 年的 80.13%。

（3）在中国初级产品的进口中，呈现明显上升趋势的商品类别是矿物燃料、润滑油及有关原料，比重从 1984 年的 0.51% 增加到 1989 年的 2.79%。

（4）在中国工业制成品的进口中，呈现明显下降趋势的商品类别是化学品及有关产品和轻纺产品、橡胶制品、矿冶产品及其制品。化学品及有关产品的比重由 1984 年的 19.08% 下降至 1989 年的 15.95%。轻纺产品、橡胶制品、矿冶产品及其制品的比重由 1984 年的 32.96% 下降至 1989 年的

26.03%。而机械运输设备的进口则由 1984 年的 32.63% 上升到 1989 年的 38.42%。其他商品类别的比重变化不明显。

（二）对外贸易方式

1. 加工贸易

这一时期，加工贸易是中国对外贸易发展最快的贸易方式。改革开放以后，加工贸易从无到有、从小到大，实现了高速度、跨越式发展，取得了举世瞩目的巨大成就，对国民经济和工业化进程起到了重要的推进作用。加工贸易在推动国民经济和社会发展、推进产业结构调整和技术进步、优化中国出口商品结构、扩大利用外资、扩大就业、密切台港澳关系等方面发挥了重要的作用。从改革开放初期以轻纺等劳动密集型产品为主的出口到后来以机电、高新技术产品等资本、技术密集型产品为主的出口，加工贸易的发展，推动中国对外贸易实现了从以初级产品为主向以制成品为主的出口结构的转变，对促进产业结构升级，改善出口商品结构，促进中国的经济增长、就业、税收、创汇及推进中国工业化进程都有着功不可没的贡献。

改革开放初期，国家主要将加工贸易作为解决创汇和就业问题的权宜之计，所以采取的政策主要是"对用于加工贸易的进口实行保税政策，免征进口关税；除少数敏感商品外，对绝大多数商品的进口取消配额等非关税壁垒。"这种开放式的信任管理模式，发挥出了中国在国际分工中的比较优势，加之不断活跃的投资政策，中国的加工贸易迅速发展起来。

在这一时期，加工贸易以来料加工为主，进料加工逐步兴起。从 20 世纪 80 年代开始，外经贸体制改革的重大政策调整之一是将"三来一补"的外贸业务扩大到各种类型的企业，鼓励设立三资企业并容许其进行自营产品出口和自用料、件和设备进口。从制度创新方面看，"三来一补"的加工贸易开始只是一种贸易方式，但由于对内执行的贸易合同对象可以是国营企业、集体企业、乡镇企业甚至是个体企业或个人，其制度上的创新程度大大超前于当时的国内整体经济改革。"三来一补"贸易与吸引外资政策的结合，发挥了中国劳动力资源丰富的优势，改善了资金短缺无法发挥劳动力优势的瓶颈效应，而且能节省学习成本，避开中国开拓国际市场能力不足带来的经营风险。1987 年《关于加强综合管理促进对外加工装配业务发展的意见》等政策的出台，明确了对进料加工的鼓励和扶持，放宽了对进料加工的限制。随着鼓励性政策的出台和加工贸易生产、加工、装配能力的增强，进料加工业务得到迅速发展。加工贸易进出口值及其在全国进出口总值中所占比重快速上升（参见表 6.6）。

2. 补偿贸易

补偿贸易一般是指甲方在信贷的基础上，从乙方买进设备、技术，约定在一定的期限之内，用其生产出来的产品（包括半成品），或者用其他商品，或者以劳务来分期清偿贷款（包括商定的利息）的一种贸易方式。中国从 20 世纪 70 年代中期以后，特别是在 1979 年实行对外开放政策以后，开始把补偿贸易作为利用外资、引进技术的一种方式，并取得了一定的成效。补偿贸易的基本特征是进口与出口相结合，以出口抵付进口。至 1985 年，中国通过补偿贸易方式吸收国外直接投资达 7.68 亿美元，在 7.68 亿美元的补偿贸易成交额中，广东、北京分别占 25% 和 19.7%。但总的来说，此阶段中国补偿贸易项目的金额都较小，期限也较短。

3. 边境贸易

边境贸易作为国家对外贸易的一种特殊形式，在改善边民生活、促进边疆建设、繁荣边远地区经济过程中，对缩小落后地区和发达地区的差距起到了积极的综合平衡作用。中国不仅有 2 万多公里的陆上国境线，陆上同 11 个国家接壤，而且最主要的是在中国 31 个行政区中，边境行政区有 7 个，面积占全国 50% 以上，人口约占全国的 15%，除去东北三省，其余均为中国 "七五" 规划中划定的西部落后地区。党的十一届三中全会后，改革开放政策带来了边境贸易的生机，1982 年中苏两国外贸部长换文后，内蒙古和黑龙江率先被外贸部批准重新恢复同苏联的边境贸易；1985 年内蒙古开始同蒙古国开展边境贸易；1986 年新疆同苏联的边境贸易达成协议。此阶段，中国有辽宁、吉林、黑龙江、内蒙古、新疆、西藏、云南七个边境省区同朝鲜、苏联、巴基斯坦、尼泊尔、缅甸、老挝六个国家开展了边境贸易。据估计，仅内蒙古、黑龙江两省区，从 1984 年至 1987 年 6 月，边境贸易额已达 3 亿瑞士法郎以上，实现税利约 1.3 亿元。边境贸易绝不是中国对外贸易的一种可有可无、被动的补充或权宜措施，而应该是中国对外开放的必要组成部分。

表 6.6　1984~1989 年加工贸易进出口统计数据

单位：亿美元，%

年份	全部贸易		加工贸易			全部贸易		加工贸易			全部贸易		加工贸易			加工贸易增值率	加工贸易顺差额
	进出口总额	同比增速	进出口总额	同比增速	占比	出口总额	同比增速	出口总额	同比增速	占比	进口总额	同比增速	进口总额	同比增速	占比		
1984	535	22.7	59	40.5	11.0	261	17.6	29	52.6	11.1	274	28.0	30	30.4	10.9	-3.3	-1
1985	697	30.3	75	27.1	10.8	274	5.0	34	17.2	12.4	423	54.4	41	36.7	9.7	-17.1	-7
1986	738	5.9	123	64.0	16.7	309	12.8	56	64.7	18.1	429	1.4	67	63.4	15.6	-16.4	-11
1987	826	11.9	190	54.5	23.0	394	27.5	88	57.1	22.3	432	0.7	102	52.2	23.6	-13.7	-14
1988	1028	24.5	287	51.1	27.9	475	20.6	140	59.1	29.5	553	28.0	147	44.1	26.6	-4.8	-7
1989	1116	8.6	362	26.1	32.4	525	10.5	198	41.4	37.7	591	6.9	164	11.6	27.7	20.7	34

资料来源：根据 1984~1990 年《中国统计年鉴》整理。

第三节 对外贸易体制改革

这一时期，对外贸易体制改革的主要内容是放开部分贸易经营权（包括对外资企业），以及贸易公司自主化改革，其中又分为三个分阶段。（1）1984~1987年，政府根据政企分开、外贸实行代理制、工贸结合、技贸结合、进出口结合的原则，下放部分外贸经营权，开展工贸结合试点，简化外贸计划内容，实行对外贸易承包经营责任制。（2）1988~1991年，全面推行对外贸易承包经营责任制，地方政府、外贸专业总公司和工贸总公司向中央承包出口收汇，上缴外汇和经济效益，承包单位自负盈亏，出口收汇实行差别留成。（3）1990年12月9日，外贸企业出口实行没有财政补贴的自负盈亏，以完善对外贸易承包经营责任制。

为了配合外贸企业改革，国家采取了放宽外汇管制、实行出口退税政策、对外经济贸易部下放部分权力等一系列配套改革措施，增强了运用经济杠杆调节宏观经济的能力，并为外贸企业利用市场机制自主经营创造了外部环境。1984年9月15日，国务院批转了对外经济贸易部《关于外贸体制改革意见的报告》，打破高度集权的外贸总公司垄断全国外贸的局面。内容包括如下几点。

一 政企分开

外贸实行政企分开后，对外经济贸易部和省、自治区、直辖市外经贸厅（委）专门负责对外贸易的行政管理。外贸企业负责进出口业务，并独立核算，自负盈亏。各级行政部门不干涉外贸企业的经营业务。经过简政放权，进一步扩大省级外贸自主权。各省区市及下属对外贸易组织开始成为外贸活动的主力军。据统计，1987年，中国共批准设立各类外贸公司220多家，1984年后成立的众多"三资"生产企业也拥有本企业产品出口和有关原材料进口的经营权。

二 实行进出口代理制，改进外贸经营管理

进出口代理制成为外贸经营的基本形式。当时的设想是通过进出口代理制的推行，使外贸经营企业提供各种服务，代为生产、供货企业办理进

出口业务，收取手续费，盈亏由委托单位负责。这样一方面能使外贸总公司、分公司、地市县外贸公司之间的财务关系脱钩，创造让它们成为独立核算的经济实体的条件；另一方面能解决生产企业、出口经营企业之间的利益不平衡问题。但实践证明，进口代理制行得通，出口代理制却难以推行。到1986年，进口商品代理作价的比重已经达到80.46%，相比之下，实现出口代理制的作价比重只有6%。出口代理制难以推行的原因主要有两方面。第一是计划体制与出口代理制相矛盾。当时出口贸易计划分为出口商品收购计划和出口计划，计划任务是下达给外贸出口企业的，它们是计划任务的直接承担者。外贸企业要通过收购或代理两种方法完成计划任务。而生产和供货企业由于不直接承担出口计划任务，在代理和供货两种方式中有较大的选择权。在出口不如内销更有盈利或不如内销更便于资金周转的情况下，生产和供货企业更愿意选择供货收取货款。这样，外贸出口企业要完成出口任务，就不得不采取收购的办法。而当时要改变这种计划体制，各方面条件还不具备。第二是财务体制与出口代理制相矛盾。由于出口补亏是与出口收汇挂钩的，它通过对外经济贸易部、进出口总公司、分公司下达，补贴的直接对象是进出口公司。出口代理制的补亏对象是生产企业和供货企业，它通过各级政府部门下达。在财政补贴不减而又要花费很大成本去改变原先的财务体制和补亏方式的情况下，各方面积极性都不会高，而原有财务体制的维持又妨碍出口代理制的推行。

推行出口代理制的成效甚微，但与此相反的是核定出口成本对于减少外贸企业亏损产生了一定的积极效果。通过核定外贸企业的出口成本，普遍出现了压低出口商品国内价格的现象，从而使外贸企业的收购进货价格和成本有相当幅度的下降，但在一定程度上降低了生产企业的盈利水平，从而使部分工厂将原来供应出口的商品转为内销。因此，1984～1986年，出口贸易的平均增长速度比1979～1982年的平均增长速度低16个百分点。这说明，尽管核定出口成本是行政措施，但对于外贸企业不计成本追求出口数量、忽视经济效益的行为有较强的约束力，并产生了积极的效果。

三　改革外贸计划体制

缩小进出口商品的指令性计划范围，扩大指导性计划范围，注意发挥市场调节作用，打破商品垄断经营，放开经营。1984年1月，对外经济贸易部规定 28 类限制进口的商品，允许包括对外经济贸易部所属外贸公司、其他部门所属的外贸公司、省级政府经营的外贸公司等一批机构无须经过对外经济贸易部就可进口非限制类商品。同时明确，在外贸出口管理方面将出口商品的经营权分为三类：一类为垄断经营商品，二类是政府倾向于适度干预竞争或受被动配额限制的商品，其余的是三类商品。这三类商品分别由中央、外贸专业总公司和地方分别协调管理。经过对商品经营权下放的改革，第三类放开经营商品出口有了长足的发展。需要出口许可证的出口产品数量到 1999 年降至 59 种。

四　改革外贸财务体制

实行核定出口成本，增盈分成、减盈自理的办法扩大企业财务自主权。改革前的外贸行政管理部门直接控制着外贸公司的财务，在外贸企业同主管行政部门脱钩后，尝试用税收来替代财务直接给付。曾经试行的办法之一是对盈利大的商品征收出口调节税（对利润在 7.5% 以下的商品不征出口调节税）；同时对亏损产品给予定额补贴。由于国内计划价格扭曲，不同产品间的账面利润及相应出口调节税负担十分不平等。这种妨碍企业追逐高额利润的出口调节税开征 78 天后就停止了。

此外，在 1984～1986 年实行在对外贸企业核定出口成本的基础上，增加盈利部分的 60% 留作企业自行发展之用，40% 给职工发放福利和奖金。这种把外贸企业出口经营效益与企业、个人收入直接挂钩的办法，极大地刺激了出口的积极性。这些激励措施还包括允许计件工资和奖金成为一种分配形式；改革企业利润留成办法，由全额利润留成改为基数利润留成加增长利润留成；建立企业所得税和个人所得税制度；开始试行"以税代利"、独立核算、自负盈亏的企业经营方式，使企业成为真正的经营主体，并于 1983 年 6 月开始正式推行"利改税"。

五　"三来一补"扩大化

从 20 世纪 80 年代开始，外经贸体制改革重大的政策调整之一是将"三来一补"的外贸业务扩大到各种类型的企业，鼓励设立三资企业并容许其进行自营产品出口和自用料、件和设备进口。

六 对国营外贸企业实行第一轮经营承包

1986 年全国出口商品平均换汇成本升至 4.03 元，升幅达到 30%，而当年官方汇率仅为 3.45 元。这使核定出口成本的原则难以继续执行，即便执行也将更不利于扩大出口，而此时国家亟须扩大出口以平衡国际收支，补充外汇储备。因此，自 1987 年起实行出口奖励政策办法，外贸企业每收汇 1 美元给予人民币 2 分和外汇额度 1 美分的奖励。考核指标改为出口收汇、出口换汇成本和利润总额三项，并分别考核奖励。

1987 年，对外经济贸易部对所属外贸专业总公司实行了对外贸易承包经营责任制。各外贸专业总公司向对外经济贸易部承包出口总额、出口商品换汇成本、出口盈亏总额三项指标，实行超亏不补，减亏留用，增盈对半分成，并按三项指标完成情况兑现出口奖励。1987 年 10 月，党的第十三次全国代表大会的报告指出："为了更好地扩大对外贸易，必须按照有利于促进外贸企业自负盈亏、放开经营、工贸结合、推行代理制的方向，坚决地有步骤地改革外贸体制。"① 根据中共中央的决定，国务院于 1988 年 2 月发出《关于加快和深化对外贸易体制改革若干问题的规定》，决定全面推行对外贸易承包经营责任制，建立自负盈亏、放开经营、工贸结合和推行代理制的外贸体制。改革的核心主要是通过建立和完善以汇率、税收等为主要杠杆的经济调节体系，推动外贸企业实现自负盈亏。主要内容有如下几条。（1）国家对出口的财政补贴加以限制。在全面实行出口退税制度的前提下，由各省、自治区、直辖市和计划单列市政府以及全国性外贸（工贸）总公司向国家承包出口收汇，上缴中央外汇和相应的补贴额度，承包基数三年不变。（2）进一步改革外汇体制。取消原有使用外汇控制指标，凡地方、部门和企业按规定所取得的留成外汇，允许自由使用，并开放外汇调剂市场。（3）进一步改革外贸计划体制、财务体制、外贸行政管理体制和进出口商品经营体制，对进出口商品实行分类经营的管理办法。除统一经营、联合经营的 21 种出口商品保留双轨制外，其他出口商品改为单轨制，即由各省、自治区、直辖市和计划单列市直接向中央承担计划，大部分商品均由有进出口经营权的企业按国家有关规定自行进出口。（4）在轻工、

---

① 《中国共产党第十三次全国代表大会文件汇编》，人民出版社，1987。

工艺、服装三个进出口行业进行外贸企业自负盈亏的改革试点。（5）设立进出口商品行业商会。1988年先后成立食品土畜、纺织品、轻工工艺品、五矿化工、机电产品和医药保健品六个进出口商会及若干商品分会。

第四节　对外贸易政策

一　经济特区贸易政策

1984年2月，邓小平在视察广东、福建后，肯定了建立经济特区的政策，并建议增加对外开放城市。4月，中共中央、国务院根据邓小平的意见召开沿海部分城市座谈会，并于5月4日发出《沿海部分城市座谈会纪要》，确定进一步开放14个沿海港口城市。这14个港口城市是：大连、秦皇岛、天津、烟台、青岛、连云港、南通、上海、宁波、温州、福州、广州、湛江、北海。这些城市实行对外开放，能发挥优势，更好地利用其他国家和地区的资金、技术、知识和市场，推动老企业的更新改造和新产品、新技术的开发创造，增强产品在国际市场上的竞争能力，促使这些城市从内向型经济向内外结合型经济转化；将四大经济特区和海南包括在内，从南到北形成一条对外开放的前沿阵地；实现从东到西，从沿海到内地的信息、技术、人才、资金的战略转移。

这些沿海港口城市实行对外开放后，在扩大地方权限和给予外商投资者优惠方面，实行下列政策和措施。（1）放宽利用外资建设项目的审批权限。生产性项目，凡属建设和生产条件不需要国家综合平衡、产品不要国家包销、出口不涉及配额又能自己偿还贷款的项目，均放宽审批权限。（2）积极支持利用外资、引进先进技术改造老企业。在关税、进口工商统一税、企业所得税、上缴利润、生产计划等方面实行扶植政策。（3）对中外合资、合作经营及外商独资企业给予优惠待遇。（4）兴办经济技术开发区。大力引进中国急需的先进技术，集中举办三资企业和中外合作的科研机构。在开发区内，放宽利用外资项目的审批权限，产品出口、内销执行经济特区的政策，税收政策更加优惠。（5）增加外汇使用额度和外汇贷款。

二　进出口商会

中国进出口商会由中国机电产品进出口商会、中国五矿化工进出口商

会、中国纺织品进出口商会、中国轻工工艺品进出口商会、中国食品土畜
进出口商会、中国医药保健品进出口商会六大进出口商会构成。

中国纺织品进出口商会成立于 1988 年 10 月，是中国纺织服装进出口行
业最大的全国性中介组织。会员企业从事各种纺织纤维、纱线、面料、服
装、家用纺织品、产业纺织品及辅料的生产和进出口业务。纺织品商会会
员涵盖全国大多数纺织服装进出口企业、生产企业和三资企业，进出口额
占中国纺织服装进出口总额的 70% 左右。纺织品商会的宗旨是：维护行业
和会员企业的利益，促进中国纺织服装进出口贸易的可持续发展。其职能
可归纳为"协调、指导、咨询、服务"。

中国五矿化工进出口商会成立于 1988 年 9 月，集中了本行业经营规模
较大和具有代表性的企业。会员的经营范围涵盖了黑色金属、有色金属、
非金属矿产及制品、煤炭及制品、建材制品、五金制品、石油及制品、化
工原料、塑料及制品、精细化工品、农用化工品和橡胶及制品等五矿化工
商品。会员包括外贸专业公司、工贸公司、三资企业、民营企业和科研院
所等。会员企业每年进出口总额在本行业中占近 30% 的比重。五矿化工商
会的会员企业基本代表了中国五矿化工行业的整体实力和水平。该商会于
2001 年通过了 ISO9001 国际质量管理体系认证。

中国机电产品进出口商会成立于 1988 年 7 月，是由在中华人民共和国
境内依法注册、从事机电产品进出口贸易及相关活动的各种经济类组织自
愿联合成立的自律性、全国性行业组织。机电产品商会始终坚持服务于会
员企业、服务于外经贸事业的指导思想，恪守公平、公正、公开的工作原
则，在发挥协调和自律作用、维护成员和行业的利益、当好政府的参谋和
助手、帮助企业拓展国际市场、做好政府与企业之间的桥梁纽带、促进机
电产品贸易与投资持续健康发展等方面发挥了积极作用。中国机电产品进
出口商会集中了本行业经营规模较大和具有代表性的企业。会员的经营范
围覆盖了飞机、汽车、船舶、计算机、通信设备、音频、视频设备、家用
电器、仪器仪表、电工产品、机床、工程机械、农业机械、自行车、轴承、
电动工具、电子元器件等各类机械电子商品。

中国食品土畜进出口商会成立于 1988 年 9 月，宗旨是：协调、服务、
促进、维权。商会会员遍布全国各地，集中了本行业经营规模较大和具有
代表性的企业，以及大批中小企业。会员企业经营范围覆盖了粮食谷物、

油脂油料、干鲜蔬菜水果、畜禽肉食、水海产品、酒、饮料、罐头、糖果等加工食品，林产及林化产品、香精香料、茶叶、蜂产品、食药用菌及制品、花卉、蜡烛、烟花、羽绒羽毛及制品、羊绒兔毛及制品、猪鬃肠衣、裘革皮及制品、地毯等各类农林食品土畜产品。

中国医药保健品进出口商会成立于 1989 年 5 月。其目的是建立由政府的行政管理、企业的业务经营、商会的协调服务三部分组成的外贸新体制。商会随着社会主义市场经济体制的逐步建立和医药保健品对外贸易的发展而壮大，会员企业遍布全国各地，国内大部分有影响力的医药保健品生产和进出口贸易企业已加入商会。商会的主要职能是对会员企业的外经贸经营活动进行协调指导，提供咨询服务。业务协调范围涵盖中药、西药原料和制剂、医疗器械、保健器材、医用敷料、生物药、保健品、功能性化妆品等行业企业和产品。

中国轻工工艺品进出口商会成立于 1988 年，是由从事轻工业品、工艺品进出口贸易的企业依法成立的自律性组织。轻工工艺品商会的主要职责是：维护进出口经营秩序和会员企业的利益，协调会员进出口经营活动；为会员提供信息服务，组织国内外研讨、培训；为会员提供法律咨询服务；组织会员参加国内外商品博览会及商务考察；代表行业向政府反映要求、意见和政策建议；与国内外同行业组织进行交流。

第五节 对外贸易体制与实践评价

一 贸易发展评价

党的十一届三中全会以后，在改革开放总方针的指引下，经过全国上下共同努力奋斗，中国对外经济贸易得到迅速发展，中国经济与世界经济的联系日益密切。这主要表现在以下几个方面。

1. 对外贸易规模迅速扩大

1989 年中国进出口贸易总额达到 1116.78 亿美元，其中出口额为 525.4 亿美元，比上年增长 10.6%，进口额为 591.5 亿美元，比上年增长了 7%。1979～1989 年，外贸进出口累计为 6908.43 亿美元，约为开放前 29 年累计额的 4.1 倍，年均递增 14.3%，出口累计为 3222.69 亿美元，约为开放前 29 年累计额的 3.8 倍，年均递增 14.4%，进口累计额为 3686.00 亿美元，约为开放前 29 年累计额的 4.4 倍，年均递增 14.2%。对外贸易的发展提高了中国在国际贸易中的地位。根据关贸总协定和中国海关统计，中国出口和进口在世界主要进出口国家和地区中的名次，1989 年上升到第 14 位。同中国有贸易往来的国家和地区也由 1978 年的 140 多个发展到 180 多个。

在贸易额增长的同时，中国的进出口商品结构发生了可喜的变化。工业制品出口所占的比重由 1984 年的 54.34%上升到 1989 年的 71.3%，初级产品出口则由 45.66%下降到 28.7%，标志着中国出口商品的附加值明显提高，在国际交换中趋于有利。在进口商品中，生产资料一直占 80%左右，生活资料占 20%左右，随着中国生产技术水平的提高，消费品的进口逐年减少。这几年外贸收支平衡状况逐步好转，顺差逐年增加。

2. 利用外资取得可喜成绩

1984～1989 年实际使用 145.2 亿美元，批准外商投资企业 20384 个。在批准的外商投资企业中，工业项目占 56%，旅游宾馆、房地产、公用事业占 27%，海上石油勘探开发项目占 8%，农林渔业占 3%，建筑、交通邮电、教育文化、卫生体育、科研技术服务等占 6%。已有 9900 多家企业投产开业，90%以上经营良好。1989 年外商投资企业出口达到 36.3 亿美元，占中国上年出口额的 8.4%，外汇顺差 10.8 亿美元。

3. 技术进出口稳步发展

这一时期引进先进技术和成套设备逐年增加，1989 年技术引进合同成交额达到 29.23 亿美元。引进技术的方式也由以引进成套设备为主逐步转向许可证贸易、顾问咨询、合作生产、技术服务等多种较高层次。与此同时，结束了只引进技术的历史，开始出口中国开发的新技术。1989 年中国技术出口成交额 8.96 亿美元。

二 外贸体制改革评价

中国的外经贸改革因受到出口创汇的经济目标制约，改革的步伐有时要迟于整个经济体制改革。但经济对外开放的总体思路又将外经贸体制推到了市场与计划经济体制矛盾冲突的第一线，改革的对象是原计划经济体制和国有外贸企业。外经贸改革的初期目标是在保持计划体制基本不变的情况下，通过健全对外经贸的行政管理体制，一方面继续保持国内经济相对独立于世界经济，另一方面利用国际市场资源解决国内经济发展的瓶颈。当时的要求是：利用国内外两个市场、两种资源，学会两套本领。"奖出限入"增加外汇收入以支付技术设备的进口。1984年政策目标是在确保外汇收入的前提下逐步下放计划权力。最后，通过20世纪80年代末90年代初计划指标和创汇指标的承包过渡，实现了对外贸易宏观调控方式的转轨，宏观政策手段由向创汇倾斜转为向创造公平的市场环境倾斜。

中国对外开放和对外贸易政策的演变有力地促进了国内经济体制改革。中国出口商品实现了向以劳动密集型产品为主的转变。作为一个劳动力丰富而资本、原料匮乏的国家，劳动密集型产品在出口中的比重上升，真实地反映了中国的资源禀赋状况。中国出口与本国资源禀赋状况趋于一致，国内资源配置效率得到提高。在计划经济时代，中国国内价格同国际价格是完全脱钩的，国内价格在生产、消费领域里都存在着扭曲。外贸的发展使中国越来越多的产品价格与世界价格逐步实现接轨，减少了国内产品价格的扭曲。

对外贸易承包经营责任制打破了长期以来外贸企业吃国家"大锅饭"的局面，为解决责权利不统一的状况迈出了关键一步，从而大大调动了各方面特别是地方政府的积极性，有力地促进了外贸的发展。它有利于解决中国经营体制上长期存在的政企不分问题，让企业逐步走向自主经营的道路，有利于增强外贸企业的国际竞争力。

外贸企业第一轮承包经营责任制改革对进出口贸易经济效益的影响主要体现在：在进口贸易中，企业承包和进口代理制的普及有效地减少了企业的进口亏损和财政补贴；但国家定价的少数几类进口商品的企业亏损和财政补贴仍然大幅度增加，不仅抵消了进口代理作价的成效，而且进口补贴仍呈现上升趋势。这种政策性亏损说明中国价格体制改革是滞后的，将使外贸企业终难摆脱进口亏损的困境。在出口贸易中，出口换汇成本的增长速度低于国内零售物价总指数的平均增长速度。在国内价格普遍上涨而对外贸企业经济效益存在诸多不利因素的影响下，外贸企业利用国家市场价格上升的有利条件来改善企业的经营状况，出口贸易值的增速高于出口贸易量的增速，外贸出口亏损的增长速度得到有效控制。在第一轮企业承包经营责任制改革期间，出口贸易的亏损得到了一定控制，企业的经营状况和经济效益状况有了一定改善，从而保证了1990年中央财政对外贸企业的亏损补贴大体维持在1987年的水平，第一轮企业承包经营责任制改革从总体上实现了定额亏损补贴目标。

与此同时，外贸企业第一轮承包经营责任制改革也暴露出一些弊端。（1）尚未建立外贸的自负盈亏机制。承包经营责任制仍然保留了中央财政对出口的补贴，财政补贴是一种非规范化的行政性分配，带有主观随意性，不是国际贸易的通常做法。（2）助长了局部利益的膨胀和不平等竞争的加剧。对不同地区的承包企业规定不同的出口补贴标准和不同的外汇留成比例，从而造成了地区间的不平等竞争，诱发了对内的各种抢购大战和对外的竞相削价销售，造成了外贸经营秩序的混乱。（3）企业行为短期化。外贸企业在追求利润的刺激下，缺乏中长期投资眼光和积极性，只重视承包期内任务的完成和超额完成，往往忽略了外贸长期发展的战略目标和战略措施，企业更愿意转产附加值低且易迅速出口、换汇成本低的产品，导致国家外向型企业产品结构长期处于低水平。（4）承包期一定三年不变，未能适应国内非经营环境的变化。遇有重大的环境变化，承包企业往往难以完成承包任务。与改革进程相适应，自1988年起，外经贸部不再编制、下达外贸收购计划和调拨计划。

这一时期中国外汇管理体制的演变具有从计划向市场过渡的特征。1984年外汇改革后，各级政府均下达创汇指标，而外贸企业在出口中，以完成创汇任务为第一位，成本则放在第二位，外贸企业依赖财政补贴来完成出口任务。因此，换汇成本不断提高，当国家财政不堪重负时，只能通过贬值来保证出口，这就是所谓"汇率跟着换汇成本走"的现象。每轮的贬值都只能暂时性地弥补外贸企业的亏损，很快地又会由于换汇成本的上升而进一步贬值。同时，由于不同地区、不同行业实行不同的外汇留成比例，出现了高外汇留成比例的地区到低留成比例地区抬价收购出口货源，以换取更多外汇留成的不正常现象。

经过外经贸体制改革，中国外贸在世界贸易中的地位不断提高，在世界贸易中的排名从1984年初的第32位，上升到1989年的第14位。但对外贸易制度和体制距离关贸总协定的要求还是有一定差距，如行政审批色彩很重，缺乏明晰的指标体系和监督手段，缺乏透明度，效率不高；配额分配等同于商品管理，制约了政府部门职能转变；滋生出一批依靠配额生存的企业，不利于平等竞争；缺乏快速、平衡的反馈机制和动态调整机制，在国际贸易竞争日趋激烈、商品价格波动十分频繁的情况下，极易丧失贸易机会；缺乏对国内生产和国际市场的把握，忽略了改善进出口商品结构和促进国民经济产业结构的优化；缺乏贸易摩擦预警、监测及应对系统。

第七章　对外贸易体制向市场化改革探索
（1989～1992）

第一节　对外贸易背景

20世纪80年代末90年代初，国际形势发生巨大改变。随着冷战时代的结束，各国都把注意力从政治对抗转向经济贸易竞争。西方发达国家已相继完成产业结构调整，纷纷向信息化迈进。然而总体来说，90年代的世界经济处于不景气阶段，发达国家普遍呈现经济低速增长状态。1989年世界经济增长速度为3.3%，从1990年开始，呈逐年下降趋势。1990年为2.4%，1991年为1.6%。1992年是冷战结束的第一年，世界经济增速约为1%。各国为适应国内外形势的变化，展开了一场以科技为先导、经济为基础的综合国力的竞争。发展中国家积极探索发展之路，东亚经济一枝独秀。

在1989年政治风波后，以美国为首的西方国家对中国实行经济制裁，把暂时不让中国"复关"作为经济制裁的一项主要内容。美国作为中国近年重要的贸易伙伴，对中国贸易发展影响重大。自1989年起，美国政府借口"人权"问题对中国实行经济贸易制裁，严重阻碍了正在迅速发展的中美贸易关系。众所周知，中美两国长期存在着政治与意识形态方面的分歧和对立，这就使得中美两国在其贸易发展过程中引入了大量的政治与意识形态因素，从而使两国的政治关系始终伴随和制约着两国的贸易关系发展。从历史上看，当中美两国政治关系改善时，两国的贸易关系发展比较顺利，而当中美两国政治关系紧张时，两国的贸易关系发展就会出现危机。1989年以后的中美贸易关系就是一个典型的例证。美国以所谓"人权""军售"等问题为借口，对中国实行严厉的经济贸易制裁，从而使中美贸易关系进入了一个新的低谷。在贸易方面，美国国会中的某些议员以人权问题为借口主张取消给予中国的最惠国待遇，或在给予中国最惠国待遇时附加条件，从而使中美贸易关系发展蒙上了一层阴影。同期，美国宣布冻结对华高技术转让，1991 年 10 月，美国众议院通过了《1991 年综合出口修正案》，取消了对中国的高技术出口的优惠政策，限制美国向中国提供军民两用的产品和技术。应该看到，1989 年以前美国对华高技术转让主要并不是出于经济和贸易的考虑，而是出于美国全球战略与安全防务方面的需要。为了遏制苏联的扩张势力，美国需要帮助中国在一定程度上发展。但是，苏联解体以后，美国对中国的战略需求显著下降。美国对华高技术转让问题很难在短期内得到解决，要恢复到 1989 年以前的水平则是困难重重。中美双方于 1992 年 10 月 10 日正式签署了《中美关于市场准入的谅解备忘录》。在该谅解备忘录中，中国向美国做出了积极的承诺，而美国也明确表示支持中国恢复关贸总协定缔约国地位，承诺放宽对于中国高技术出口的管制，并宣布停止根据"301 条款"对中国发起的调查。但是，在此之后，中美关于市场准入问题的争端仍时有发生。中国对于市场准入谈判一直抱有很大诚意。自 1991 年中美正式举行市场准入谈判以后，中国已在前几轮谈判中就改进外贸管理体制、努力将贸易体制向国际标准靠拢方面做了相当的承诺。但是，美国在谈判中提出了一些超出关贸总协定对发展中国家要求的条件，其中有些方面甚至连美国也无法做到，这是中国所不能接受的。1992年，中美双方终于认识到，如果谈判破裂，中国受损自不待言，美国也将深受其害，因而采取了同样坦诚和务实的态度达成谈判协议。

第二节　对外贸易状况

一　总体状况

1989 年，全球进口额和出口额均突破了 3 万亿美元，分别达到 31900 亿美元和 30890 亿美元，并在接下来的几年持续增长。1989 年，以美国为首的西方国家对中国的对外贸易进行了一定的制裁或限制，导致当年和第二年（1990 年）中国的经济与贸易产生一定的困难。1989 年，中国进口额超过出口额，贸易呈现逆差形势，1990 年对外贸易出现下行。1990 年后，随着国内外政治经济形势趋稳，出口额有了很大的增长，当年达到 2985.8亿元，实现顺差 411.5 亿元。1991～1992 年延续了这个好形势，出口额持续高速增长（参见表 7.1）。按美元计算，1989～1992 年，贸易总额年平均增速达 13.96%，其中 1992 年贸易增速高达 22.0%，并开创了此后连续多年的贸易顺差。1989～1992 年，中国进口增速分别为 7.0%、-9.8%、19.6%、26.3%；出口增速分别为 10.6%、18.2%、15.8%、18.2%。

表 7.1　1989～1992 年进出口贸易总额

年份	人民币（亿元）				美元（亿元）			
	进出口	出口	进口	差额	进出口	出口	进口	差额
1989	4155.9	1956.0	2199.9	-243.9	1116.9	525.4	591.5	-66.0
1990	5560.1	2985.8	2574.3	411.5	1154.4	620.9	533.5	87.4
1991	7225.8	3827.1	3398.7	428.4	1356.3	718.4	637.9	80.5
1992	9119.6	4676.3	4443.3	233.0	1655.3	849.4	805.9	43.5

资料来源：《中国统计年鉴 1993》，中国统计出版社，1993。

二　主要贸易伙伴

1989～1992 年与中国进出口贸易额排在前三位的分别是香港地区、日本和美国。除此之外，德国、苏联、新加坡以及法国、意大利、荷兰、英国等国都是中国传统的密切贸易伙伴。而 1990 年之后，伴随着韩国经济的复兴和台湾地区对大陆投资的加大，二者也成为中国主要贸易伙伴，并稳居前十位（参见表 7.2）。此期间，日本作为中国对外贸易重要伙伴国，对中国仍实行较严格的技术转让限制。1992 年中国从日本进口技术设备有较大增加，扭转了连续四年下降的局面，创造了历史最好水平。

表 7.2　1989～1992 年前十位贸易伙伴进出口额

单位：万美元

排序	1989 年	1990 年	1991 年	1992 年
1	香港地区（3445632）	香港地区（4090772）	香港地区（4960023）	香港地区（5805030）

续表

排序	1989 年	1990 年	1991 年	1992 年
2	日本 （1892862）	日本 （1659901）	日本 （2025066）	日本 （2538009）
3	美国 （1227315）	美国 （1176779）	美国 （1416631）	美国 （1719358）
4	联邦德国 （498772）	联邦德国 （497108）	德国 （540431）	台湾地区 （657902）
5	苏联 （399599）	苏联 （437911）	台湾地区 （423385）	德国 （647100）
6	新加坡 （319098）	新加坡 （283217）	苏联 （390425）	俄罗斯 （586240）
7	意大利 （255005）	法国 （230843）	韩国 （324488）	韩国 （506061）
8	法国 （194831）	英国 （202693）	新加坡 （307673）	新加坡 （326705）
9	澳大利亚 （189539）	加拿大 （190872）	意大利 （238992）	意大利 （284321）
10	英国 （171867）	意大利 （190483）	法国 （230476）	加拿大 （257975）

资料来源：《中国统计年鉴》（1991、1993），中国统计出版社，1991，1993。

三 对外贸易结构与方式

（一）对外贸易商品结构

在这一阶段，比较优势发展战略取得了巨大成功，劳动密集型产品的国际竞争力稳步提高，出口比重迅速上升，资本和技术密集型产品的出口也不断上升。相应地，资源密集型产品出口比重则迅速下降。这一时期中国出口商品结构的改善是非常显著的，劳动密集型、资本密集型产业和技术密集型产业都得到了很大的发展（参见表7.3）。此时期，中国在出口贸易规模迅速扩大的同时，开始重视出口商品技术含量的提升。到1992年，劳动密集型产品的出口占总出口的大部分比重，达到57.6%，传统的纺织品出口占7.3%，低技术含量的服装、杂项制品、鞋靴出口比重分别为20.3%、14.4%、7.6%。与此同时，资本和技术密集型产品的出口比重由1983年的10.2%上升到25.5%，尤其是某些产品开始实现重点突破，在国际市场上占重要地位，例如电信及声音录制重放设备和电力机械的出口比重大幅上升到6.8%和5.6%，这为出口结构的进一步升级奠定了基础。

表7.3 1989~1992年中国对外贸易商品分类出口值

单位：亿美元

年份	总额	初级产品	食品及主要供食用的活动物	饮料及烟类	非食用原料	矿物燃料、润滑油及有关原料	动植物油、脂及蜡
1989	525.38	150.78	61.45	3.14	42.12	43.21	0.86
1990	620.91	158.86	66.09	3.42	35.37	52.37	1.61
1991	718.43	161.45	72.26	5.29	34.86	47.54	1.50
1992	849.40	170.04	83.09	7.20	31.43	46.93	1.39

年份	工业制成品	化学品及有关产品	轻纺产品、橡胶制品、矿冶产品及其制品	机械及运输设备	杂项制品	未分类的商品
1989	374.60	32.01	108.97	38.74	107.55	87.33
1990	462.05	37.30	125.76	55.88	126.86	116.25
1991	556.98	38.18	144.56	71.49	166.20	136.55
1992	679.36	43.48	161.35	132.19	122.31	220.03

资料来源：《中国统计年鉴1993》，中国统计出版社，1993。

此阶段，中国的商品进口结构没有发生大的变动，进口商品依然以工业制成品为主，以初级产品为辅。工业制成品进口中，机械及运输设备，轻纺产品、橡胶制品、矿冶产品及其制品，化学品及有关产品为进口大类；初级产品以进口食品、非食用原料、矿物燃料等为主（参见表7.4）。

表 7.4　1989～1992 年中国对外贸易商品分类进口值

单位：亿美元

年份	总额	初级产品	食品及主要供食用的活动物	饮料及烟类	非食用原料	矿物燃料、润滑油及有关原料	动植物油、脂及蜡
1989	591.40	117.54	41.92	2.02	48.35	16.50	8.75
1990	533.45	98.53	33.35	1.57	41.07	12.72	9.82
1991	637.91	108.34	27.99	2.00	50.03	21.13	7.19
1992	805.85	132.55	31.46	2.39	57.75	35.70	5.25

年份	工业制成品	化学品及有关产品	轻纺产品、橡胶制品、矿冶产品及其制品	机械及运输设备	杂项制品	未分类的商品
1989	473.86	75.56	123.35	182.07	20.73	72.15
1990	434.92	66.48	89.06	168.45	21.03	89.90
1991	529.57	92.77	104.93	196.01	24.39	111.47
1992	673.30	111.57	192.73	131.12	55.88	182.00

资料来源：《中国统计年鉴1993》，中国统计出版社，1993。

（二）对外贸易方式

这段时期，随着国内经济的迅速发展和对外开放的逐步扩大，加工贸易（包括进料加工、来料加工和出料加工等）出口在中国外贸出口中的地位不断上升，成为与一般贸易并驾齐驱的主要贸易方式。在此期间，传统的一般贸易方式继续保持增长。此外，随着中国与周边国家关系的改善、沿海对外开放格局的形成，中国的边境贸易得到了较快发展，租赁贸易、补偿贸易等贸易方式也得到了一定程度的发展。其间，对外经济合作呈现多元化与组合化，对外贸易与对外经济技术合作、利用外资、对外投资等相结合，创造了综合性的经济贸易合作方式，形成了商品、技术、资金、劳务密切结合、相互促进，较好地提高了总体效益和竞争力。

1990 年，中国一般贸易出口和进口的比重还高于加工贸易，分别高出 16.1 个和 13.9 个百分点。其中，一般贸易出口占全部出口的 57.1%，一般贸易进口的比重虽略低于 50%，但仍然是最主要的进口方式（参见表 7.5、表 7.6）。

表 7.5　出口贸易方式统计

单位：亿美元

年份	合计	一般贸易	加工贸易	其他贸易
1989	525.40	315.52	197.85	12.03
1990	620.90	354.60	254.20	12.10
1991	719.10	381.20	324.30	13.60
1992	849.40	436.80	396.20	16.40

资料来源：国家统计局国民经济综合统计司编《新中国五十年统计资料汇编》，中国统计出版社，1999。

表 7.6　进口贸易方式统计

单位：亿美元

年份	合计	一般贸易	加工贸易	其他贸易
1989	591.40	356.14	171.64	63.62
1990	533.50	262.00	187.60	83.90
1991	637.90	295.40	250.30	92.20
1992	805.90	336.20	315.40	154.30

资料来源：国家统计局国民经济综合统计司编《新中国五十年统计资料汇编》，中国统计出版社，1999。

综合分析贸易数据，可以归纳出这一时期中国对外贸易方式的几个特点。

（1）加工贸易发展迅速，一般贸易发展相对缓慢。加工贸易发展崛起使一般贸易与加工贸易的地位发生了很大变化，加工贸易有超越一般贸易的趋势。

（2）在加工贸易中，进料加工贸易发展尤为迅猛，来料加工装配贸易的发展则相对缓慢。

（3）外商投资进口设备在中国进口中已占有重要的地位。中国良好的投资环境和巨大的市场潜力对外商来华投资产生了强大的吸引力。

（4）贸易方式更加多样。中国20世纪90年代的贸易方式除一般贸易、来料加工贸易、进料加工贸易和易货贸易外，边境贸易、租赁贸易、保税仓库进出口贸易、出料加工贸易等发展也十分迅速。

第三节　对外贸易体制

这段时期，中国对外贸易体制改革主要经历了对外贸易承包经营责任制改革和对外贸易企业经营机制改革，带有初步的向市场化改革探索的性质。

一 对外贸易承包经营责任制改革

1988 年，中国政府根据发达国家和新兴工业化国家转移劳动密集型产业，以及中国经济发展中农村劳动力的转移和重工业发展资金不足等现状，提出了沿海地区加快外向型经济的发展战略，旨在进一步参与国际分工和国际交换，大力发展外向型经济。沿海地区外向型经济发展战略要求中国的对外贸易体制，应由重点为发展资本密集型产业服务的内向发展战略模式，转变为大力为发展劳动密集型产业服务的外向型经济发展战略模式。在对外贸易体制改革"要实行自负盈亏，放开经营，加强管理，联合对外，以进一步促进对外贸易的发展"① 改革方案指导下，1988~1990 年，增强企业活力成为对外体制改革的中心环节，改革重点开始向完善企业的经营机制转换。本着所有权与经营权相分离的原则，在外贸企业中实行了多种形式的以自负盈亏为特征的承包经营责任制。

对外贸易承包经营责任制改革的主要内容涉及如下几个方面。

（1）全面推行外贸承包经营责任制。具体内容包括：由各地方政府、全国性外贸总公司分别向国家承包出口收汇，上缴中央外汇，盈亏由各承包单位自负，承包基数三年不变。同时，主要选择了轻工、工艺、服装三个进出口行业进行外贸企业自负盈亏的改革试点，允许这三个行业的企业出口收汇大部分留归己用，通过灵活运筹的能力实现自负盈亏。

（2）改革进出口经营体制。具体内容包括：对少数关系国计民生的、大宗的、资源性的主要进出口商品实行指令性计划，由国家指定的外贸总公司及其直属的子公司、分公司统一经营；对少数国际市场容量有限、有配额限制、竞争激烈的重要出口商品实行指导性计划，由有这类商品出口经营权的外贸公司经营；其他大部分商品实行市场调节，放开由各类外贸公司经营，这就扩大了指导性计划和市场调节的范围。

（3）改革外汇管理体制。具体内容包括：取消原有使用外汇的控制指标，凡地方、部门和企业按规定所取得的留成外汇，允许自由使用，并开

① 《国务院关于批转对外经济贸易部一九八八年外贸体制改革方案的通知》（国发〔1987〕90 号）。

放外汇调剂市场。同时，在全国相继建立一批外汇调剂中心，外贸公司和出口生产企业均可在外汇调剂中心买卖外汇，外汇调剂价格按照外汇供求状况实行有管理的浮动。

（4）改革外贸财务体制。具体内容包括：实行计划进出口由中央财政统负盈亏，超计划进出口由地方财政自负盈亏，打破了长期以来国家统收统支、统负盈亏的财务"大锅饭"体制，逐步建立和完善了经济调节体制，全面实行出口退税。

（5）改革外贸行政管理体制。具体内容包括：外贸行政管理实行统一管理和分级管理原则。各级外贸主管部门实行政企分开，外贸管理方面由以直接控制为主转向以间接控制为主；微观管理转向宏观调控，综合运用法律手段、经济手段和必要的行政手段调节市场关系，引导企业行为。

二　对外贸易企业经营机制改革

经过十多年的改革，尤其是在对外贸易领域实行承包经营责任制后，中国的对外贸易管理体制发生了较大的变化，但外贸企业并未真正实现自负盈亏，国家依然承担着较大的财政负担。这种情形与国际规范相背离，在与西方市场经济国家进行贸易洽谈时，常常受到指责。同时，由于各地方、各部门的出口补贴承包基数不一，外汇留成比例也不一样，客观上造成了外贸企业之间的不平等竞争。因此，在总结前三年实行外贸承包经营责任制经验的基础上，从1991年起，中国对外贸体制做了进一步的改革和完善，其指导思想是从建立外贸企业自负盈亏机制入手，在外贸领域逐步实行统一政策、平等竞争、自主经营、自负盈亏、工贸结合的市场体制，推行代理制。

这一轮对外贸易体制改革是一场以自主经营、自负盈亏为目的的全面改革，重点放在微观管理层的变革。它既是建立现代企业制度的客观要求，也是前一阶段简政放权的延续。在本次改革所采取的一系列措施中，主要有以下一些内容。

（1）改革对外贸易财务体制。取消国家财政对出口的补贴，按国际通行的做法由对外贸易企业综合运筹，自主经营、自负盈亏。

（2）进一步改革外汇管理配制。改变按地方实行不同外汇比例留成的做法，实行按不同商品大类统一比例留成制度。

（3）改革出口管理体制。缩减国家管理的商品范围，取消原来实行的出口商品分类经营的规定，除个别重要的出口商品由国家统一联合经营外，其余种类商品基本上由各类外贸企业在自负盈亏的基础上放开经营。

（4）改革进口管理体制。自1992年1月1日起，中国进口税采用了国际《商品名称及编码协调制度》，并降低了225个商品的进口税率；1992年12月31日，中国对关税进行了一次调整，使关税水平总体下降了7.4个百分点，调整后的平均关税税率为39.9%；1992年取消了16种商品的许可证管理，提高进口行政管理的透明度。

（5）深化对外贸易企业经营机制改革。在对外经济贸易部制定的《外经贸企业转换经营机制的实施细则》基础上，明确提出了十大目标，并采取相应的政策措施，推行对外贸易企业经营机制的转换。

第四节　对外贸易政策

这一时期，中国的对外贸易政策主要在几方面用力。第一，加速经济市场化的步伐，尽快完成外贸企业经营机制，特别是国营大中型外贸公司经营机制的转变，在做到政企分开，企业自主经营、自负盈亏、自我发展的同时，把外贸企业推向市场。第二，保持国民经济的稳定增长，避免经济"过热"和经济增长速度的大起大落，保持进口和出口的同步稳定增长，尽可能保持贸易收支平衡。第三，强化对外经贸活动的宏观调控，改革对外经济合作中存在的政出多门、上有政策、下有对策、自相恶性竞争的现象。

此时期，中国对外贸易政策的另一个重点是1992年提出来的"大经贸"战略，这一贸易战略影响并决定了中国20世纪90年代的贸易政策制定。"大经贸"战略是以进出口贸易为基础，实现商品、资金、技术、劳务合作与交流的相互渗透和协调发展，外经贸部门与生产企业、科技和金融等部门共同参与的外经贸发展战略。"大经贸"战略内容主要有"三大"。一是大开放，全方位、多领域、多渠道的开放格局，最大限度参与国际分工。二是大融合，实现商品贸易、利用外资、技术贸易和服务贸易的大融合和协调发展，实现与世界各国双边与多边经贸合作的有机结合。三是大转变，转变外贸的功能，促进中国产业结构的调整与升级，促进技术进步和经济效益提高，充分发挥外经贸对国民经济的全面导向功能和服务功能。

具体而言，中国这一时期的对外贸易政策主要集中在以下几个方面。

（1）继续坚持对外开放的基本国策，即在平等互利的原则上，进一步扩大对外经济技术交流和合作，在对外贸易、利用外资、引进技术和人才等方面争取更大发展。

（2）努力扩大出口和增加外汇收入。在保证出口贸易持续稳步发展的前提下，把工作重点放在改善出口商品结构和提高出口商品质量上。在扩大商品出口的同时，大力发展劳务输出、对外承包工程、国际运输、国际旅游业等服务贸易。

（3）实行有利于扩大出口的政策和措施。利用各种有利条件，建立各种不同类型的工贸、农贸相结合的出口商品生产基地。国家在资金、物资和运输安排上，实行支持出口的政策。

（4）合理安排进口和调整进口结构。按照技术进步、增强出口创汇能力和节约使用外汇的原则，合理安排进口，把有限的外汇集中用于引进先进技术和关键设备，进口国家重点生产建设所需的物资。

（5）积极有效地利用外资。积极争取利用国际金融机构和双边政府贷款，特别是条件比较优惠的贷款。改善投资环境，采取多种方式吸引外国投资。

（6）进一步贯彻沿海地区经济外向型发展战略，积极发展外向型经济。进一步办好经济特区，巩固和发展已开辟的经济技术开发区、沿海开放城市和开放地带，并认真搞好上海浦东新区的开发和开放。

（7）改革外贸和外汇管理机制。完善和改革现行的外贸承包制，实行自主经营、自负盈亏、工贸结合、联合统一对外的外贸经营体制。扩大大型骨干企业的外贸经营自主权。加强出口收汇管理，改革外汇留成和用汇制度，改进汇率形成机制，健全外汇调剂市场。

第五节　对外贸易体制与实践评价

一　对外贸易发展取得的进展

这一时期中国对外贸易发展取得的成就，主要表现在以下几个方面。

首先，在不确定的国际政治环境下依然取得贸易的持续增长。1989年政治风波后，国家领导人注意处理好与西方的外交关系，继续坚持改革开放，缓解了西方国家对中国走回头路的顾虑，使经贸关系较快正常化，促进了贸易的发展。

其次，从贸易结构来看，在这一阶段，比较优势发展战略取得了较大的成功，劳动密集型产品的国际竞争力稳步提高，出口比重迅速上升，资本和技术密集型产品的出口也不断上升。相应地，资源密集型产品出口比重则迅速下降。这是一个可喜的变化，意味着中国的贸易商品结构和产业结构在不断优化。

最后，从贸易方式来看，这段时期，中国的对外贸易方式发生了明显改变。随着国内经济的迅速发展和对外开放的逐步扩大，加工贸易（包括进料加工、来料加工和出料加工等）出口在中国外贸出口中的地位不断上升，成为中国两种重要的对外贸易方式之一。同时，边境贸易、租赁贸易、补偿贸易等贸易方式也得到了一定程度的发展。对外贸易与对外经济技术合作、利用外资、对外投资等对外经贸活动良好互动，携手发展。

二　对外贸易体制改革的评价

外贸企业承包经营责任制改革在一定程度上打破了外贸企业的财务"大锅饭"的体制，达到了缓解了国家财政压力、增加出口创汇的目的。这也为日后进一步深化对外贸易体制和经济体制的总体配套改革打好了基础。但这一时期的对外贸易体制改革仍然带有一种向市场化改革过渡和探索的特点，存在以下几个问题。一是"分灶吃饭"的财政体制本身所带来的地区封锁、市场分隔等问题，不可避免地被反映到对外贸易领域中来。二是由于这种承包是以省、自治区、直辖市为主，还没有完全落实到企业，因而企业还没有真正自负盈亏。可以说，这一时期的外贸体制改革并未从根本上解决外贸企业的政企不分问题，未从根本上改变企业的附属地位。三是各地各类外贸企业出口补贴和外汇留成水平不一致，造成了企业之间的不平等竞争。

对外贸易企业经营机制改革的整个效果是值得肯定的。以取消外贸出口补贴、统一外汇留成为主要内容的对外贸易运行机制改革，有力地推动了外贸的良性发展，主要体现在以下几个方面。

（1）调动了各地方、部门和对外贸易企业增加出口的积极性，彻底打破了对外贸易企业多年来的"大锅饭"体制，卸掉了国家财政的沉重负担，又使出口创汇直接与对外贸易企业的利益挂钩，因而有力地调动了各地方、部门和对外贸易企业增加出口创汇的积极性。

（2）增强了对外贸易企业的效益意识，推动了经营体制的转换。对外贸易企业第一次真正成为对外贸易经营主体和参与竞争的独立实体，能够在自主经营、自负盈亏的前提下，建立和完善自我发展、自我约束的经营机制，改善经营管理，提高国际竞争力。同时，它扩大了企业对外汇的支配使用权，有利于保持适度的进口增长，为进一步拓展对外贸易关系创造了良好条件。另外，为了保证国家收汇并防止逃汇、套汇，外汇管理部门和结汇银行实行跟踪结汇，从而加强了对出口外汇的管理。

（3）鼓励公平竞争，对外贸易秩序得到改善。取消了出口补贴并统一了外汇留成比例，使各类对外贸易出口企业站在同一起跑线上，从而在一定程度上抑制了少数出口企业对内抬价抢购、对外低价竞销的行为，对外贸易经营秩序有所好转。

（4）在这一阶段，进出口的指令性计划已基本取消。到1992年第一季度，只有大约15%的出口商品和18.5%的进口商品受指令性计划控制。在指令性手段取消的同时，其他调节手段特别是关税和许可证变得越来越重要。这一变化说明，中国向国际惯例和市场机制方面迈进了一大步。

（5）上述改革的成果以及由关税水平调低带来的中国贸易自由化程度的进一步提高，大大促进了中国商品进出口贸易的快速发展。1991～1992年，中国的商品出口贸易增长都在15%以上，商品进口贸易的增长都在19%以上，商品进出口贸易总额的增长也在17%以上。受1992年中国关税下调的影响，中国商品进口贸易的增长明显快于出口贸易的增长，1990～1992年贸易顺差额持续下降。应该说，这些都是中国实施对外贸易体制改革必然要经历的过程。在此过程中，如何提高中国产业和产品的竞争力成为需要研究的重要问题。

此外，在这一轮的对外贸易体制改革中仍然存在的问题有以下几个。一是企业要完成出口创汇的指令性计划，往往不得不牺牲经济效益，进行压低价格争夺客户和市场的粗放经营，因而企业在完成计划任务与追求自身效益之间处于两难境地。二是对外贸易企业与其主管上级之间还没有实现真正意义上的政企分开，地方领导为了地方利益常常向企业摊派出口任务，对外贸易企业的经营活动仍然受到诸多限制。三是官方汇率与调剂汇率并存，人民币汇率仍然发生一定的扭曲，难以发挥人民币汇率作为调节进出口的主要经济杠杆的功能。

　　需要指出的是，为了保证国民经济发展的计划规模和速度，对外贸易部门有时不得不做出某种程度的"牺牲"。例如，在出口方面，以较高的国内价值换取较小的国外价值，即高价创汇；而在进口方面，对进口商品按国内计划价格出售给用户，实际上是对进口进行补贴，即低价用汇。这种对进口、出口的"双向补贴"，使外贸运行机制不仅不能实现对外贸易应有的经济效益，而且从整体上看具有反出口倾向，使国家财政负担沉重。这也从另一个侧面反映了外贸运行机制改革还没有真正到位。

第八章　对外贸易体制市场化改革与加入
WTO 冲刺（1992~2001）

第一节　对外贸易背景

1992~2001 年，对于中国经济而言是一个不寻常的时期。从国内来看，对于中国改革开放的政策是否会变动，许多人持观望态度，改革开放政策的方向关系到中国经济发展的前途。从国际形势看，苏联、东欧体制的相继崩溃使得"计划经济"声誉扫地，社会主义国家制度在一定程度上受到人们的质疑，中国是否坚持社会主义经济形态，备受外界关注。1992~2001 年是中国"复关"或入世议定书内容的实质性谈判阶段，即双边市场准入谈判的重要阶段。经历了长达 15 年的艰难谈判历程，中国终于在 2001 年 12 月 11 日成为 WTO 第 143 个正式成员国。中国加入 WTO，对中国的外经贸是一个新的开始和新的旅程，对中国的对外贸易制度、政策、形态及对象都产生了重大影响。

1991 年，苏联解体，标志着两极格局的结束。从这时起，世界开始从旧格局向新格局过渡。这个过渡时期也是当今世界所处的时期。过渡时期有一些特点。第一，时间长。第二，世界处于和平发展期，第三次世界大战爆发的可能性很小。邓小平同志曾说，有资格打世界大战的只有美苏两家。放眼世界，今天没有一个国家有实力跟美国打一场世界大战，也没有哪个国家愿意打，在可预见的未来，世界大战是不会打起来的，世界将会是一个稳定的和平世界。第三，整个过渡时期国际关系处于变动过程之中，大国关系也处在不断地变化的过程当中。基于这个判断，中国在这一时期的外交战略是合作共赢、和平发展。中国的外交及与世界各国的关系必须顾及国家利益与世界人民的根本利益，努力建立和拓展新的国际关系。1992

年底，与中国建立外交关系的国家有 141 个；而 2001 年底，与中国建立外交关系的国家上升至 165 个。可以看出，中国在这个特殊的时期采取的务实的发展路线取得了成功。

在此阶段，中国的一个重要任务是"复关"。中国在 1986 年正式申请重新加入 GATT，即所谓的"复关"，但"复关"之路一走就是 15 年。中国融入国际贸易的大家庭也从"复关"变成加入 WTO。中国"复关"和加入 WTO 谈判大致可分为四个阶段。第一阶段从 20 世纪 80 年代初到 1986 年 7 月，主要是酝酿和准备"复关"事宜。第二阶段从 1987 年 2 月到 1992 年 10 月，主要是审议中国经贸体制。第三阶段从 1992 年 10 月到 2001 年 9 月，"复关"或加入 WTO 议定书内容的实质性谈判，即双边市场准入谈判。第四阶段从 2001 年 9 月到 11 月，事项是中国加入 WTO 法律文档的起草、审议和批准。如何加快外贸体制改革以达到"复关"的条件要求，成了这一时期政府工作的主题。

第二节 对外贸易状况

一 总体状况

1989 年之后，中国确立了改革开放不动摇的国策和建立社会主义市场经济的改革目标，进一步加强中国同世界的联系，大力发展对外贸易。1992 年邓小平南方谈话给了国内外投资者巨大的信心，外经贸领域出现了一次规模较大的投资与贸易热潮。1992 年，中国进出口总额比 1991 年增长了 22.0%，出口增长了 18.2%，进口增长了 26.3%。与此同时，伴随着争取加入 WTO 和不懈的外贸努力，中国的对外贸易取得了良好发展，对外贸易额逐年提高。其中，出口总额由 1992 年的世界排名第 11 位提升到 2001 年的第 6 位。

表 8.1 显示，1992 年以来中国进出口总额逐年上升，贸易差额仅 1993 年一年为逆差，其余年份都是顺差。市场经济目标的确立对中国外经贸的发展起到了极大的推动作用。这一阶段，中国经济取得快速发展，人民生活水平不断提高。

表 8.1　1992~2001 年中国进出口总额

单位：亿美元

年份	进出口	出口	进口	差额
1992	1655.3	849.4	805.9	43.5
1993	1957.0	917.4	1039.6	-122.2
1994	2366.2	1210.1	1156.1	54.0
1995	2808.6	1487.8	1320.8	167.0
1996	2898.8	1510.5	1388.3	122.2
1997	3251.6	1827.9	1423.7	404.2
1998	3239.5	1837.1	1402.4	434.7
1999	3606.3	1949.3	1657.0	292.3
2000	4742.9	2492.0	2250.9	241.1
2001	5096.5	2661.0	2435.5	225.5

资料来源：《中国贸易外经统计年鉴 2008》，中国统计出版社，2008。

表 8.2 说明，中国出口总额占世界出口总额的比重逐年上升，排名也平稳提升。中国经济发展速度超过了世界发展的平均速度，中国经济处于快速发展时期。

表 8.2　1992~2001 年中国出口总额占世界出口总额的比重与位次

单位：亿美元，%

年份	世界	中国	比重	位次
1992	37000	849.4	2.3	11
1993	36870	917.4	2.5	11
1994	41683	1210.1	2.9	11
1995	50200	1487.8	3.0	11
1996	52540	1510.5	2.9	11
1997	55364	1827.9	3.3	10
1998	53750	1837.1	3.4	9
1999	53595	1949.3	3.6	9
2000	62201	2492.0	4.0	7
2001	61624	2661.0	4.3	6

资料来源：《中国贸易外经统计年鉴 2008》，中国统计出版社，2008。

二 主要贸易伙伴

表8.3列出了中国与排名前20位的主要贸易伙伴的贸易额。数据显示，1993~2001年，日本、美国、香港地区、韩国和德国一直位居中国对外贸易伙伴的前五位。其中，香港、日本和韩国是亚洲国家和地区，美国是美洲国家，德国是欧洲国家。在中国对亚洲地区的进出口中，虽然香港地区整体呈下降趋势，但一直占主导地位。究其原因，一是历史传统使内地与香港形成特殊的经贸关系，即所谓的"前店后厂"关系；二是内资企业对外经营能力的提升、大量外资的直接进入等导致香港所占份额呈下降趋势。中国在亚洲的另外一个重要贸易伙伴是日本。

观察所列十年的贸易伙伴，首先，中国主要的贸易伙伴集中在亚洲，除上面所述的香港地区和日本外，还有韩国、新加坡、泰国、印度尼西亚、马来西亚等都是中国这一时期的主要贸易伙伴。表8.3列出的主要贸易伙伴中，每年有接近一半的是亚洲国家（地区）。其次，中国的主要贸易伙伴来自今天的欧盟，比如德国、法国、英国、瑞士、瑞典、意大利、比利时等。最后，中国的贸易伙伴还有美国和加拿大等美洲国家。俄罗斯以前是中国主要的贸易伙伴国，但随着中国经济的发展，对俄罗斯贸易逐年有所下降，与俄罗斯的贸易额占中国对外贸易总额的比重也逐年下降，俄罗斯在中国对外贸易中的地位逐渐下降。

三 对外贸易结构与方式

（一） 对外贸易商品结构

1. 出口商品结构

随着对外贸易的持续增长和贸易额的逐年递增，对外贸易在国内生产总值中所占的比重，即贸易依存度也越来越高。作为对外贸易的基础，出口对中国经济增长所起的作用也愈加明显。贸易是经济增长的"三驾马车"之一，出口结构优化和出口增长对经济增长有着直接的动力。表8.4显示，自改革开放政策深入推行以后，经济的高速增长为中国的对外贸易创造了一个稳定的环境，出口导向战略使得出口总规模不断扩大，出口商品中工业制成品的比重在显著上升。中国出口中初级产品比重逐年下降，

表 8.3　中国前 20 位主要贸易伙伴及中国与之贸易额

单位：亿美元

位次	1992 年	1993 年	1994 年	1995 年	1996 年	1997 年	1998 年	1999 年	2000 年	2001 年
1	香港地区（580.50）	日本（390.33）	日本（479.06）	日本（574.71）	日本（600.67）	日本（608.33）	日本（579.35）	日本（661.74）	日本（831.64）	美国（971.83）
2	日本（253.80）	香港地区（325.37）	香港地区（418.03）	香港地区（445.74）	美国（428.38）	香港地区（507.73）	美国（548.31）	美国（614.25）	美国（744.62）	日本（877.28）
3	美国（174.94）	美国（276.52）	美国（353.55）	美国（408.32）	香港地区（407.33）	美国（490.16）	香港地区（454.00）	香港地区（437.55）	香港地区（539.47）	香港地区（559.64）
4	台湾地区（65.79）	德国（100.08）	德国（118.99）	韩国（169.81）	韩国（199.81）	韩国（240.57）	韩国（212.66）	韩国（250.34）	韩国（345.00）	韩国（358.96）
5	德国（64.71）	韩国（82.20）	韩国（117.21）	德国（137.09）	德国（131.67）	德国（126.78）	德国（143.75）	德国（161.15）	德国（196.87）	德国（235.23）
6	俄罗斯（58.62）	俄罗斯（76.79）	俄罗斯（50.76）	新加坡（68.98）	新加坡（73.50）	新加坡（87.88）	新加坡（81.79）	新加坡（85.63）	新加坡（108.21）	新加坡（109.19）
7	韩国（50.61）	新加坡（48.91）	新加坡（50.50）	俄罗斯（54.63）	俄罗斯（68.44）	俄罗斯（61.24）	英国（65.84）	英国（78.75）	英国（99.03）	俄罗斯（106.69）

续表

位次	1992 年	1993 年	1994 年	1995 年	1996 年	1997 年	1998 年	1999 年	2000 年	2001 年
8	新加坡（32.67）	意大利（40.42）	意大利（46.59）	意大利（51.82）	澳大利亚（51.07）	英国（57.94）	法国（60.28）	法国（67.06）	澳大利亚（84.53）	澳大利亚（104.36）
9	意大利（28.43）	英国（35.92）	英国（41.84）	英国（47.70）	意大利（50.82）	法国（55.77）	荷兰（59.96）	荷兰（64.24）	马来西亚（80.45）	英国（103.07）
10	加拿大（25.80）	澳大利亚（30.10）	澳大利亚（39.40）	法国（44.90）	英国（50.82）	荷兰（54.79）	俄罗斯（54.80）	澳大利亚（63.12）	俄罗斯（80.03）	马来西亚（94.25）
11	澳大利亚（23.32）	法国（29.36）	法国（33.63）	加拿大（42.14）	荷兰（44.55）	澳大利亚（53.04）	澳大利亚（50.47）	俄罗斯（57.20）	荷兰（79.23）	荷兰（87.35）
12	法国（22.60）	加拿大（25.73）	加拿大（32.46）	澳大利亚（42.11）	加拿大（41.89）	意大利（46.91）	意大利（48.56）	意大利（56.09）	法国（76.55）	法国（77.91）
13	印度尼西亚（20.26）	荷兰（23.23）	荷兰（29.75）	荷兰（40.50）	法国（41.47）	印度尼西亚（45.15）	加拿大（43.64）	马来西亚（52.79）	印度尼西亚（74.64）	意大利（77.76）
14	英国（19.36）	印度尼西亚（21.43）	马来西亚（27.40）	印度尼西亚（34.90）	印度尼西亚（37.08）	马来西亚（44.17）	马来西亚（42.70）	印度尼西亚（48.30）	加拿大（69.09）	加拿大（73.73）

续表

位次	1992年	1993年	1994年	1995年	1996年	1997年	1998年	1999年	2000年	2001年
15	荷兰 (17.08)	马来西亚 (17.88)	印度尼西亚 (26.41)	泰国 (33.63)	马来西亚 (36.14)	加拿大 (39.13)	泰国 (36.72)	加拿大 (47.67)	意大利 (68.80)	泰国 (70.51)
16	马来西亚 (14.75)	比利时 (13.93)	泰国 (20.24)	马来西亚 (33.52)	泰国 (31.45)	泰国 (35.15)	印度尼西亚 (36.31)	泰国 (42.16)	泰国 (66.24)	印度尼西亚 (67.24)
17	泰国 (13.19)	泰国 (13.52)	比利时 (18.54)	比利时 (21.30)	巴西 (22.47)	巴西 (25.33)	瑞典 (26.74)	比利时 (27.93)	比利时 (36.87)	比利时 (42.51)
18	比利时 (9.98)	瑞士 (12.81)	西班牙 (16.50)	巴西 (19.91)	比利时 (20.65)	比利时 (22.79)	比利时 (25.20)	瑞典 (27.62)	瑞典 (35.03)	沙特阿拉伯 (40.70)
19	朝鲜 (6.97)	巴西 (10.55)	巴西 (14.21)	西班牙 (18.90)	瑞典 (17.72)	印度 (18.31)	巴西 (22.19)	西班牙 (23.37)	阿曼 (33.21)	巴西 (36.98)
20	澳门地区 (6.94)	西班牙 (10.07)	西班牙 (13.44)	瑞典 (13.96)	沙特阿拉伯 (15.77)	瑞典 (18.26)	菲律宾 (20.26)	菲律宾 (22.87)	芬兰 (31.90)	印度 (35.95)

资料来源：根据中经网统计数据库数据整理。

由 1992 年的 20.02% 降至 2001 年的 9.90%，工业制成品比重逐年上升，由 1992 年的 79.98% 上升至 2001 年的 90.10%。

统计数据显示，此时期中国出口商品结构除了出口总额中初级产品与工业制成品比重的变化外，还有工业制成品内部结构的变化，以轻纺产品、橡胶制品、矿冶产品及其制品为代表的劳动密集型产品所占比重在逐年下降，以化学品及有关产品、机械及运输设备为代表的资本和技术密集型产品所占比重在逐年上升，大大改变了以往主要倚重资源密集型和劳动密集型产品扩大出口的局面。

表 8.4　1992～2001 年中国出口商品结构

单位：亿美元，%

年份	出口总额	初级产品		工业制成品	
		金额	比重	金额	比重
1992	849.40	170.04	20.02	679.36	79.98
1993	917.44	166.66	18.17	750.78	81.83
1994	1210.06	197.08	16.29	1012.98	83.71
1995	1487.80	214.85	14.44	1272.95	85.56
1996	1510.48	219.25	14.52	1291.23	85.48
1997	1827.92	239.53	13.10	1588.39	86.90
1998	1837.09	204.89	11.15	1632.20	88.85
1999	1949.31	199.41	10.23	1749.90	89.77
2000	2492.03	254.60	10.22	2237.43	89.78
2001	2660.98	263.38	9.90	2397.60	90.10

资料来源：根据中经网统计数据库数据整理。

2. 进口商品结构

自 1992 年始，中国进口总额稳步增长。表 8.5 显示，1992 年的进口总额仅约为 805.85 亿美元，到 2001 年增长至 2435.53 亿美元。其中，初级产品和工业制成品进口额分别从 132.55 亿美元和 673.30 亿美元增长到 457.43 亿美元和 1978.10 亿美元，都有了显著提升。在结构变化方面，工业制成品在进口总额中的比重起伏不定，但总体水平发展相对比较平稳，维持在 80% 左右。初级产品在进口总额中的比重与工业制成品相对，也比较平稳。

统计数据显示，1992~2001 年，在初级产品进口结构中，非食用原料，矿物燃料、润滑油及有关原料为主要进口商品，两者相加的比重一般在 70%左右。在工业制成品进口结构中，最主要的是机械及运输设备等资本密集型、科技含量高的产品，其次是轻纺产品、橡胶制品、矿冶产品及其制品。这些原料的进口可能属于加工贸易的范畴，进口是为了更好地出口。两者相加的比重一般维持在 75%左右。

表 8.5　1992~2001 年中国进口商品结构

单位：亿美元，%

年份	进口总额	初级产品		工业制成品	
		金额	比重	金额	比重
1992	805.85	132.55	16.45	673.30	83.55
1993	1039.59	142.10	13.67	897.49	86.33
1994	1156.14	164.86	14.26	991.28	85.74
1995	1320.84	244.17	18.49	1076.67	81.51
1996	1388.33	254.41	18.32	1133.92	81.68
1997	1423.70	286.20	20.10	1137.50	79.90
1998	1402.37	229.49	16.36	1172.88	83.64
1999	1656.99	268.46	16.20	1388.53	83.80
2000	2250.94	467.39	20.76	1783.55	79.24
2001	2435.53	457.43	18.78	1978.10	81.22

资料来源：根据中经网统计数据库数据整理。

（二）对外贸易方式

20 世纪 90 年代中国对外贸易方式主要是一般贸易和加工贸易。改革开放以后，中国对外贸易获得了高速发展，其中加工贸易的增长尤为迅速。1992 年，加工贸易在中国贸易中所占比重上升到了 43%，可以说是占了"半壁江山"。在 1996~1999 年更是超过了一般贸易和其他贸易的总和，占主导地位，最高的 1998 年占比达到了 53%。即便是 1999 年之后，加工贸易所占的比重也稳定在 48%左右的水平（参见表 8.6）。说明此阶段后期，中国的对外贸易已由加工贸易占主导进入一般贸易和加工贸易"比翼齐飞"的阶段。

表 8.6 中国对外贸易方式

单位：亿美元，%

年份	进出口总值	一般贸易和其他贸易		加工贸易	
		金额	比重	金额	比重
1992	1655	944	57	711	43
1993	1957	1150	59	807	41
1994	2366	1320	56	1046	44
1995	2809	1488	53	1321	47
1996	2898	1432	49	1466	51
1997	3252	1554	48	1698	52
1998	3239	1508	47	1731	53
1999	3606	1761	49	1845	51
2000	4743	2441	51	2302	49
2001	5098	2683	53	2415	47

资料来源：根据中经网统计数据库数据整理。

第三节 对外贸易体制

一 社会主义市场经济体制确定与对外贸易体制市场化改革

随着改革的稳步推进，中国社会对市场经济的认识不断深化和接纳。1992 年春，邓小平在南方谈话中指出："计划多一点还是市场多一点，不是社会主义与资本主义的本质区别。计划经济不等于社会主义，资本主义也有计划；市场经济不等于资本主义，社会主义也有市场。计划和市场都是手段。"1992 年 6 月 9 日，江泽民在中央党校省部级干部进修班上发表讲话，确认了"社会主义市场经济体制"这个提法。随后党的十四大确立了建立社会主义市场经济体制的改革目标。对外贸易体制改革的目标由此被明确确立为"深化外贸体制改革，尽快建立适应社会主义市场经济发展的、符合国际贸易规范的新型外贸体制"。为加快市场经济体制的建立，并与国际贸易规则相适应，1994 年以后中国连续对关税及非关税壁垒措施进行大幅度削减，使价格机制的作用逐步取代数量限制手段。主要内容包括：（1）连续大幅度降低关税，缩减配额及许可证管理的商品范围；（2）取消外汇管制，实现人民币经常项目下的可兑换；（3）双重汇率并轨，实行有管理的浮动汇率制度，使汇率开始发挥对贸易及国际收支的调节功能；（4）加强对外贸易法制化管理，颁布了《对外贸易法》及一些相应的实施细则；（5）取消外贸承包制，按照现代企业制度改组国有外贸企业。总体而言，1994 年以后，中国对外贸易体制改革日益向市场化管理靠拢。

在中国社会主义市场经济体制的建立过程中，对外贸易体制的市场化管理是一个渐进的过程，并表现在多个基本的方面。第一，关税和非关税壁垒持续下降。20 世纪 90 年代以后，中国连续多次大幅度地降低关税，许多高额的关税已显著地调低了。实施非关税措施的商品大幅度缩减，废止了过去相当数量的管制进口品的内部文件，取消了对外贸易方面的国家指令性计划，大大缩小了许可证管理的商品范围，简化了申领手续，提高了贸易政策的透明度。1994 年以后的对外贸易体制已经同过去传统的计划经济时期的体制有了实质性的区别。第二，外汇管理走向市场化。货币是市场经济运转的中枢，外汇的自由度对进出口贸易的开展有着重大的影响。严格的外汇管制是与进口替代的贸易保护体制相适应的手段。为实现国家的工业化目标，政府要扶持新兴产业的发展，由此带来的后果是出口歧视现象发生，导致出口创汇能力低下。而新兴产业的发展需要进口先进技设备，在外汇供给约束下，政府势必要控制有限的外汇，强化对外汇的行政控制，如对外汇流动和使用需要计划审批，汇率的制定脱离市场供求关系等。对外开放提出了改革外汇管理体制。市场取向的改革首先形成了双轨外汇管理体制，进而到 1994 年 1 月 1 日实现了汇率并轨并取消了外汇留成，统一了结汇制度，建立起以市场供求关系为基础的单一的有效的浮动汇率制度，实现了人民币经常项目下有条件的可兑换。第三，外贸经营主体日趋多元化。市场经济下的对外贸易经营必然是一种竞争的经济形态，而中国过去在计划经济体制下，国家仅授权少数外贸专业公司垄断进出口贸易，广大的生产经营企业、科研院所则被排除在外，人为地割断了生产企业、科研部门与国际市场之间的直接联系，导致了外贸发展与国内经济发展需求脱节，出口商品结构落后，国际竞争能力弱小。因此，市场取向的改革就要从扩大外贸经营权起步，逐步取消外贸行业的进入壁垒。

20 世纪 90 年代以后，大批外资企业进入了中国的外贸领域，逐渐占了中国对外贸易的"半壁江山"。另外，中国加快赋予生产企业、科研院所自营进出口权，给予商业流通企业、物资企业及国有企业进出口经营权，并在深圳等经济特区实行对外贸易经营权自动登记制度。这最终导致了外贸"放开经营、平等竞争"原则的确立。与此同时，市场经济也促使国有外贸专业公司走综合化、实业化的路子。这种起源于外贸经营权放开的改革，一步一步地从根本上重塑了中国对外贸易的微观基础。

二 外贸法制建设

出于遵循国际贸易惯例、保护中国在国际贸易中的权益、减少贸易摩擦以及中国申请"复关"和加入 WTO 谈判等多方面的需要，国务院于 1992 年 3 月 8 日公布实施了《中华人民共和国出口货物原产地规则》。鉴于中国申请"复关"的谈判进入关键时期，为了进一步规范中国的配额和许可证管理、增强对外贸易管理法规的透明度、规范企业的出口经营、强化对出口商品的管理，1992 年 12 月 29 日，对外经济贸易部公布实施了《出口商品管理暂行办法》。随着机电产品在中国进出口商品结构中的比重趋向增大，1993 年 10 月 7 日，对外贸易经济合作部、国家经济贸易委员会就机电产品的进出口管理问题专门公布实施了《机电产品进口管理暂行办法》。为放松进口配额管理，国家计划委员会、对外贸易经济合作部于 1993 年 12 月 29 日公布实施了《一般商品进口配额管理暂行办法》。为加强进口贸易经营监管，对外贸易经济合作部、国家计划委员会于 1994 年 7 月 19 日公布实施了《进口商品经营管理暂行办法》。总之，中国在这一时期内出台了多部外贸法规案例，努力使外贸管理由行政化体系转向市场化管理模式。

进入 20 世纪 90 年代后，国际贸易格局发生了新的变化，世界贸易组织取代关贸总协定正式运行。中国对外贸易规模持续快速扩大，在中国与美国、欧盟、日本等主要贸易大国关于中国加入世界贸易组织的相关谈判结束之后，为了适应加入世界贸易组织后中国对外贸易发展和海关管理的需要，2000 年 7 月 8 日，中国人大常委会对 1987 年公布实施的《海关法》中的诸多条款进行了大量的修订，并于 2001 年 1 月 1 日正式实施。实践表明，2000 年修订后的《海关法》不仅符合世界贸易组织关于海关管理的相关规则，也为新的对外贸易环境下中国的海关管理提供了一个完整的法律框架。

三　外贸组织结构变化

中国对外贸易组织结构在 20 世纪 80 年代为行政管理分级制，中国对外经济贸易部及其驻各地特派员办事处为一级，各省、自治区、直辖市及计划单列市为一级（参见图 8.1）。中国对外经济贸易部对外贸经营实体的经营管理由直接管理模式转向间接管理模式。

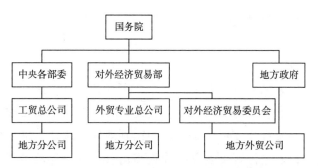

图 8.1　20 世纪 80 年代中国外贸组织结构

20 世纪 90 年代以后，随着市场经济体制的逐步建立，无论是中央还是地方，对外贸的行政管理逐步弱化，特别是政企分开后，各级政府不再履行微观管理的职能，转向对外贸宏观管理。与市场经济相适应的经济手段、法律手段在对外贸易管理中开始代替行政管理发挥主导作用。

第四节　对外贸易政策

1992 年之前，中国对外贸易政策已经经历了国家"统制"下的、封闭的、保护贸易政策和国家统一领导、有限开放的保护贸易政策两个阶段。1992~2001 年，中国对外贸易政策属于国家管理下的向市场化转轨的贸易政策。这一时期，中国以新一轮改革和开放来推动外贸体制向社会主义市场经济体制和国际贸易规范方向转移。1992 年春，邓小平南方谈话开创了改革开放的新篇章。同年 10 月，党的十四大确立了对外开放的目标，即"形成多层次、多渠道、全方位开放的格局"。并且明确提出"继续深化外贸体制改革，尽快建立适应社会主义市场经济发展的、符合国际贸易规范的新型外贸体制"。20 世纪 90 年代以后，中国为了加快外贸体制改革，解决外贸工作中出现的重量不重质、低价竞销、不计成本和不讲效益等问题，开始在外经贸全行业落实中央提出的两个根本性转变，即传统的外贸体制转变为符合社会主义市场经济体制和国际惯例的新体制，外贸增长方式从粗放型增长向集约型增长转变。从外贸企业经营机制改革入手，通过建立产权明晰、自主经营、自负盈亏、科学管理的现代企业制度，来促进经营方式的转变。此外，还提出了"以质取胜""科技兴贸"的战略，力争使中国由贸易大国向贸易强国迈进。总的来看，这一时期是中国力争加入 WTO 的关键时期，也是改革开放取得重大成就、顺利完成向社会主义市场经济体制过渡的重要时期。中国贸易政策也发生了较大变化，主要体现在：多次大幅度自主降低关税和减少非关税壁垒，实行更加自由而开放的贸易管理体制；建立起一套外贸宏观调控体系，充分利用多种市场化的政策工具对外贸实施管理；实行全方位协调发展的国别地区政策，与世界各国和地区发展经贸关系；通过信贷重点支持和提高出口退税率等政策措施，促进机电产品和高科技产品的出口；采用放宽投资领域和控股限制等措施，鼓励外商投资于农业、基础设施和中西部地区；根据世贸组织根本原则调整贸易政策，使之更加规范、统一和有公正力。

第五节 对外贸易体制与实践评价

一 对外贸易取得的进展

（一）对外开放的深度和广度不断拓展，对外开放从局部地区向全国推进

20 世纪 80 年代中期至 90 年代初，中国对外开放的范围由经济特区逐步扩大到了沿海、沿江、沿边地区，初步形成从沿海向内地推进的格局。1992 年相继开放沿江城市和三峡库区、边境和沿海地区省会城市、沿边城市，开放太原等 11 个内陆省会城市。随后几年，又陆续开放了一大批符合条件的内陆县市。对外开放从商品贸易向投资和服务贸易领域推进，改革开放之初，中国对外开放以"出口创汇"为切入点，千方百计扩大出口成为政策的基本指向。针对当时的国际国内形势，邓小平同志指出，"对外开

放不仅要继续扩大商品贸易,而且可以让外商来华直接投资办企业、搞加工贸易"①。这样就使原来的对外经贸交流从贸易领域扩展到投资和生产领域。外商直接投资、借用外债、到国际市场融资等多种方式被广泛采用。随着对外开放的不断深入,服务领域开放步伐不断加快,服务贸易迅速发展。

(二) 对外贸易连上新台阶

1. 对外贸易额迅速增长,世界贸易地位快速提高

中国对外贸易在这一时期取得了快速发展,进出口总额由 1992 年的 1655.3 亿美元稳步提高到 2001 年的 5096.5 亿美元,是一个平稳快速发展的过程。中国出口总额在世界出口中的位置也由第 11 位上升到第 6 位。对外贸易伙伴分布越来越广泛,改变了过去对外贸易伙伴过于集中的局面,特别是 2001 年中国加入世界贸易组织之后,对外贸易伙伴的数量发生了新的飞跃。

2. 贸易结构不断优化

从出口商品结构看,中国贸易从以初级产品为主到以工业制成品为主,从以轻纺等劳动密集型产品为主到以机电和高新技术产品等资本和技术密集型产品为主,中国出口商品结构不断优化升级。从贸易市场结构看,经过改革开放,中国的贸易伙伴已达 220 多个,贸易市场多元化格局逐步形成。特别是随着经济全球化与区域经济一体化的发展,中国与美国、欧盟、日本三大经济体的贸易合作蓬勃发展,对东盟、俄罗斯、印度等新兴市场的开拓取得较大进展,与其他贸易伙伴往来发展较快。

(三) 利用外资发展迅速,连续多年位居发展中国家首位

中国利用外资规模不断扩大,外商直接投资渐成主流。1992 年以前,中国利用外资主要是对外借款,特别是政府贷款,外商直接投资一直偏小。1979~1991 年,中国每年都是对外借款大于外商直接投资,13 年累计对外借款 526 亿美元,而外商直接投资仅为 251 亿美元。1992 年,利用外商直

---

① 国家统计局:《改革开放 30 年我国经济社会发展成就系列报告之二——从封闭半封闭到全方位开放的伟大历史转折》,统计局网站,2008 年 10 月 28 日。

接投资首次超过对外借款。此后，外商直接投资逐年大幅度增长，成为中国利用外资的最主要的方式。1992年以后利用外资呈现蓬勃发展势头，1992年吸收外资首次突破100亿美元，1993年登上200亿美元台阶，1994年迈过300亿美元台阶，三年跨上三个台阶。此后，中国成为全球投资热点的地位逐步确立，吸收外国直接投资规模稳步扩大。

二 对外贸易体制与政策的经验教训

这一时期，虽然中国对外贸易各方面进展顺利，但贸易增长大多属于数量型或粗放型，出口结构数量型特征比较明显，主要靠出口数量拉动出口产值的增大。这种单靠出口数量拉动经济增长的方式，被称为粗放型贸易增长方式，主要表现在以下几个方面。（1）贸易增长主要是数量扩张型增长，出口商品中高附加值产品相对欠缺。（2）工业制成品国际竞争力不强。受技术水平、科技能力等因素所限，此阶段中国工业制成品的国际竞争力依然较弱。中国对外贸易品的竞争优势主要体现在能够发挥劳动力要素禀赋优势的劳动密集型产品上，而附加值较高的资本密集型和技术密集型产品大多缺乏国际竞争力。（3）出口商品主要是劳动密集型产品。中国已成为世界上许多劳动密集型产品的生产和供应基地，但在整个链条中只占价值增值的很少一部分。而且在许多城市，对外贸易的增长，在很大程度上靠外资企业和合资企业的带动。（4）有些产品过大规模出口引起越来越多的贸易摩擦。

从以上的问题出发，中国对外贸易发展应在以下的体制与政策上下功夫。

第一，从主要出口国家或地区适度地增加战略性进口。适度是指在保证金融安全（外汇充足）、外贸安全和国内市场安全的前提下增加进口。战略性是指平衡与其他国家或地区的贸易差额和进口本国经济发展所急需的重要性资源。因此，适度地增加战略性进口，既可以加强与其他国家的经贸关系，平衡进口和出口，缓解国际贸易摩擦，又可以缓解中国经济发展中遇到的资源瓶颈。从洲际来看，中国应该增加从拉丁美洲、大洋洲和非洲地区进口经济发展所需的自然资源；从国家或地区来看，中国应该增加对美国、欧盟、日本技术资源的进口，增加对俄罗斯、澳大利亚、加拿大自然资源的进口。

第二，积极开拓新的出口市场和培育新的出口商品。开拓新的出口市场是指在保持现有出口市场的同时，开拓其他国家或地区的新市场，减少对现有市场的依赖度。培育新的出口商品是指对现有出口商品进行技术升级，转变生产方式，提高出口商品的质量，打出自己的品牌，改变"以量创利"的粗放型出口模式。

第三，加大战略性对外直接投资的力度。由跨国公司主导的"贸易投资一体化"现象成为世界经济一个显著的新特征。在这种新形势下，贸易和投资联系日益紧密，二者相互影响。增加对外直接投资，既可以带动本国出口的增加，又可以缓解贸易摩擦。在中国对外贸易量急剧增加、贸易摩擦日益加剧的情况下，中国更应该积极地通过加大对相关贸易伙伴的战略性直接投资来缓解贸易问题，以营造良好的经济合作环境。

第九章　加入 WTO 后对外贸易迅速发展
（2001~2008）

第一节　对外贸易背景

中国对外贸易发展的一个里程碑是加入了世界贸易组织。2001 年 12 月 11 日，中国正式加入世界贸易组织（WTO），成为其第 143 个成员。中国正式成为世贸组织成员后，全面参与世贸组织的各项工作，分享世贸组织赋予其成员的各项权利，遵守世贸组织规则，认真履行义务。加入 WTO 后，中国对外贸易空间较之前有较大扩展，贸易发展进入"黄金七年"。

2001 年后，中国经济在扩大内需、投资和对外贸易增长的带动下，保持年均 8% 左右的强劲增长。对外贸易呈现总额和顺差双增的好势头。由于贸易顺差的持续扩大，中国成为排在日本之后全球第二大贸易顺差国，外汇储备随之迅速增加。至 2005 年 9 月底，中国外汇储备达到 7690 亿美元，成为仅次于日本的第二大外汇储备国。由于顺差增加快，一些国家要求人民币升值。2003 年 2 月，西方七国集团财政部长会议上，日本财务大臣盐川正十郎提案，要求效仿 1985 年《广场协议》，让人民币升值。2003 年 9 月，美国财长斯诺来华访问，要求中国政府放宽人民币的波动范围。美国甚至威胁称，若中国未来 6 个月内不对汇率做出实质性调整，将对中国产品进口提高关税 27% 以上。

2005 年 7 月 21 日，中国人民银行公布《关于人民币汇率形成机制改革的公告》，宣布自 2005 年 7 月 21 日起中国开始实行以市场供求为基础、参考一篮子货币①进行调节的、有管理的浮动汇率制度，人民币对美元汇率上调 0.2%，并在一定范围内浮动，宣布兑美元汇率升值 2%，至 8.11∶1。此后，人民币兑美元每天在 0.3% 的范围内浮动，非美元货币兑人民币汇率每天浮动幅度在 1.5% 以内，人民币汇率弹性进一步增强。至 2009 年 7 月，1 美元约折合人民币 6.83 元，即从 2005 年 7 月 21 日至 2009 年 7 月，人民币累计升值幅度超过 17%。

这一阶段世界经济的两大事件是世界油价飙升和全球金融危机。世界市场石油价格从 2002 年的每桶 20 多美元涨至 2008 年 7 月的 147 美元。石油价格的上涨过程，大体可以分为三个阶段：第一阶段是从 2002 年 1 月的 20 美元/桶上涨到 2005 年 9 月的 65 美元/桶；第二个阶段是从 2005 年 9 月的 65 美元/桶跌回 2007 年 1 月的 54 美元/桶；第三个阶段是从 2007 年 1 月的 54 美元/桶上涨到 2008 年 7 月的 147 美元/桶，几乎是一路上扬。

2007 年夏，美国突然爆发次贷危机，后演变成全球金融危机，中国对外贸易的高速度，终于因金融危机而于 2009 年减缓。

第二节 对外贸易状况

一 总体状况

中国加入 WTO，带来诸多"红利"，包括贸易伙伴的增加、贸易空间的扩大、出口关税的显著降低、相当部分出口壁垒的消失、贸易制度与规则执行的规范化等。因此，加入 WTO 后中国进出口贸易发展非常迅速。加入第二年，即 2002 年，进出口贸易增速就提高到 21.8%，比 2001 年拔高 14.3 个百分点，增速几乎增长了两倍。此后七年，进出口贸易增速都在 20% 以上，最高的 2003 年增速为 37.1%。而且，这一时期伴随着贸易顺差的迅速增加，从 2001 年 225.45 亿美元增加到 2008 年的 2954.60 亿美元，上涨了十余倍。对外贸易呈现"黄金七年"，几乎可以说是顺风顺水（参见表 9.1）。

---

① 包括美国、日本、香港、欧盟、印度尼西亚、马来西亚、新加坡、泰国、韩国、台湾、澳大利亚、加拿大 12 个国家和地区的货币。

表 9.1　2001 年至 2009 年 5 月中国进出口总体情况

单位：亿美元,%

年份	进出口		出口		进口		差额
	总额	同比增速	总额	同比增速	总额	同比增速	
2001	5096.51	7.5	2660.98	6.8	2435.53	8.2	225.45
2002	6207.66	21.8	3255.96	22.4	2951.70	21.2	304.26
2003	8512.07	37.1	4383.71	34.6	4128.36	39.9	255.35
2004	11547.92	35.7	5933.69	35.4	5614.23	36.0	319.46
2005	14221.17	23.1	7619.99	28.4	6601.18	17.6	1018.81
2006	17606.87	23.8	9690.73	27.2	7916.14	19.9	1774.59
2007	21738.33	23.5	12180.15	25.7	9558.18	20.7	2621.97
2008	25616.32	17.8	14285.46	17.3	11330.86	18.5	2954.60

资料来源：根据中经网统计数据库数据整理。

二　主要贸易伙伴

中国对外贸易的迅速增长，要归功于中国与贸易伙伴特别是与主要贸易伙伴之间贸易的迅速增长。表 9.2 显示了中国与排名前 20 位的主要贸易伙伴的进出口贸易额和所占比重的情况。从总体上可以看出以下几点。

（1）2001~2008 年，中国与排名前 20 位的贸易伙伴之间的贸易额呈现明显的上升趋势。

（2）在这段时期，排名前 5 位的是美国、日本、中国香港、韩国和德国。其中，除 2002 年和 2003 年日本排名第一外，其余年份都是美国排名第一。

（3）与排名前列的贸易伙伴特别是美国之间的贸易额在中国全部对外贸易额中所占比重呈下降趋势，而与排名稍微靠后的贸易伙伴之间的贸易额在中国全部对外贸易额中所占比重呈上升趋势。

（4）排名前 20 位的贸易伙伴中，亚洲国家和地区最多，其次是欧洲。2001~2008 年，进入前 20 位的亚洲国家或地区平均 10 个，欧洲国家平均 6 个。北美洲有美国和加拿大，大洋洲有澳大利亚，拉美国家中只有巴西进入了前 20 位，非洲没有国家进入前 20 位。

表 9.2　中国前 20 位主要贸易伙伴及中国与之贸易额

单位：亿美元

位次	2001 年	2002 年	2003 年	2004 年	2005 年	2006 年	2007 年	2008 年	2009 年 1~5 月
1	美国（971.83）	日本（1019.00）	日本（1335.73）	美国（1696.26）	美国（2115.00）	美国（2626.59）	美国（3020.67）	美国（3337.38）	美国（1082.54）
2	日本（877.28）	美国（804.79）	美国（1263.34）	日本（1678.86）	日本（1844.00）	日本（2072.95）	日本（2359.51）	日本（2667.85）	日本（803.71）
3	中国香港（559.64）	中国香港（691.89）	中国香港（874.08）	中国香港（1126.78）	中国香港（1367.00）	中国香港（1660.89）	中国香港（1972.40）	中国香港（2036.66）	中国香港（595.92）
4	韩国（358.96）	韩国（441.03）	韩国（632.23）	韩国（900.46）	韩国（1119.28）	韩国（1342.46）	韩国（1598.51）	韩国（1861.13）	韩国（545.75）
5	德国（235.23）	德国（277.88）	德国（417.34）	德国（541.12）	德国（632.50）	德国（781.94）	德国（940.97）	德国（1150.09）	德国（371.26）
6	新加坡（109.19）	马来西亚（142.71）	马来西亚（201.27）	新加坡（266.82）	新加坡（331.47）	新加坡（408.58）	俄罗斯（481.55）	澳大利亚（596.57）	澳大利亚（205.0）
7	俄罗斯（106.69）	新加坡（140.31）	新加坡（193.49）	马来西亚（262.61）	马来西亚（307.0）	马来西亚（371.10）	新加坡（471.44）	俄罗斯（568.31）	马来西亚（169.81）
8	澳大利亚（104.36）	俄罗斯（119.27）	俄罗斯（157.61）	荷兰（214.88）	俄罗斯（291.00）	荷兰（345.11）	马来西亚（463.86）	马来西亚（534.69）	印度（164.39）
9	英国（103.07）	英国（113.95）	荷兰（154.34）	俄罗斯（212.32）	荷兰（288.02）	俄罗斯（333.87）	荷兰（463.42）	新加坡（524.36）	新加坡（163.05）

续表

位次	2001年	2002年	2003年	2004年	2005年	2006年	2007年	2008年	2009年1~5月
10	马来西亚 (94.25)	荷兰 (106.79)	英国 (143.94)	澳大利亚 (203.91)	澳大利亚 (273.00)	澳大利亚 (329.48)	澳大利亚 (438.30)	印度 (517.80)	荷兰 (138.84)
11	荷兰 (87.35)	意大利 (91.47)	澳大利亚 (135.63)	英国 (197.25)	英国 (245.00)	英国 (306.70)	英国 (394.32)	荷兰 (512.11)	俄罗斯 (134.83)
12	法国 (77.91)	澳大利亚 (89.95)	法国 (133.92)	法国 (175.70)	泰国 (218.11)	泰国 (277.26)	印度 (386.29)	巴西 (484.97)	英国 (134.37)
13	意大利 (77.76)	泰国 (85.57)	泰国 (126.55)	泰国 (173.42)	法国 (206.46)	法国 (251.90)	泰国 (346.38)	英国 (456.24)	泰国 (127.08)
14	加拿大 (73.73)	法国 (83.25)	意大利 (117.33)	意大利 (156.75)	加拿大 (192.00)	印度 (248.59)	法国 (336.68)	沙特阿拉伯 (417.87)	巴西 (125.95)
15	泰国 (70.51)	印度尼西亚 (79.35)	印度尼西亚 (102.09)	加拿大 (155.16)	印度 (187.00)	意大利 (245.72)	意大利 (313.80)	泰国 (412.53)	法国 (123.07)
16	印度尼西亚 (67.24)	加拿大 (79.30)	加拿大 (100.08)	印度 (136.14)	意大利 (186.14)	菲律宾 (234.13)	菲律宾 (306.16)	法国 (389.44)	意大利 (118.91)
17	比利时 (42.51)	菲律宾 (52.59)	菲律宾 (93.95)	印度尼西亚 (134.72)	菲律宾 (175.57)	加拿大 (231.79)	加拿大 (303.35)	意大利 (382.56)	加拿大 (108.65)
18	沙特阿拉伯 (40.70)	沙特阿拉伯 (51.07)	巴西 (79.86)	菲律宾 (133.28)	印度尼西亚 (167.87)	巴西 (202.90)	巴西 (297.14)	加拿大 (345.21)	沙特阿拉伯 (103.02)
19	巴西 (36.98)	印度 (49.45)	印度 (75.95)	巴西 (123.47)	沙特阿拉伯 (160.70)	沙特阿拉伯 (201.40)	沙特阿拉伯 (253.67)	印度尼西亚 (315.21)	印度尼西亚 (92.28)
20	印度 (35.95)	比利时 (48.98)	沙特阿拉伯 (73.19)	沙特阿拉伯 (102.98)	巴西 (148.00)	印度尼西亚 (190.55)	印度尼西亚 (249.96)	菲律宾 (285.80)	伊朗 (78.70)

资料来源：根据中经网统计数据库数据整理。

（5）中国与前 20 位贸易伙伴之间的贸易额不断上升，即进入前 20 位贸易伙伴的门槛不断提高。2001~2008 年，中国与排名第 20 位的贸易伙伴之间的贸易额分别为 35.95 亿美元、48.98 亿美元、73.19 亿美元、102.98 亿美元、148.00 亿美元、190.55 亿美元、249.96 亿美元、285.80 亿美元。

三 对外贸易结构与方式

（一）对外贸易商品结构

这段时期中国的出口商品结构有下列几个特点（参见表 9.3）。

（1）从总体上看，2001~2008 年中国出口的初级产品所占出口贸易比重呈现持续下降趋势，从 2001 年的 9.90% 下降至 2008 年的 5.45%。

（2）2001~2008 年中国出口的工业制成品所占比重呈现持续上升趋势，占比由 2001 年的 90.10% 上升至 2008 年的 94.55%。

（3）在中国初级产品的出口中，呈现明显下降趋势的商品类别是食品及主要供食用的活动物、饮料及烟类、非食用原料以及矿物燃料、润滑油及有关原料。其中，食品及主要供食用的活动物的比重由 2001 年的 4.80% 下降至 2008 年的 2.29%，饮料及烟类的比重由 2001 年的 0.33% 下降至 2008 年的 0.11%，非食用原料的比重由 2001 年的 1.57% 下降至 2008 年的 0.79%，矿物燃料、润滑油及有关原料的比重由 2001 年的 3.16% 下降至 2008 年的 2.21%。而动植物油、脂及蜡的比重变化不是特别明显。

（4）在中国工业制成品的出口中，呈现明显上升趋势的商品类别是轻纺产品、橡胶制品、矿冶产品及其制品和机械及运输设备。其中，轻纺产品、橡胶制品、矿冶产品及其制品的比重由 2001 年的 16.46% 上升至 2008 年的 18.32%，机械及运输设备的比重由 2001 年的 35.66% 上升至 2008 年的 47.13%。而呈现明显下降趋势的商品类别是杂项制品。化学品及有关产品的比重变化不明显。

表 9.3 2001~2008 年中国出口商品结构

单位：%

	2001 年	2002 年	2003 年	2004 年	2005 年	2006 年	2007 年	2008 年
总额	100	100	100	100	100	100	100	100
初级产品	9.90	8.76	7.94	6.83	6.44	5.46	5.05	5.45

续表

	2001 年	2002 年	2003 年	2004 年	2005 年	2006 年	2007 年	2008 年
食品及主要供食用的活动物	4.80	4.49	4.00	3.18	2.95	2.65	2.52	2.29
饮料及烟类	0.33	0.30	0.23	0.20	0.16	0.12	0.11	0.11
非食用原料	1.57	1.35	1.15	0.98	0.98	0.81	0.75	0.79
矿物燃料、润滑油及有关原料	3.16	2.59	2.53	2.44	2.31	1.83	1.64	2.21
动植物油、脂及蜡	0.04	0.03	0.03	0.02	0.04	0.04	0.02	0.04
工业制成品	90.10	91.24	92.06	93.17	93.56	94.54	94.95	94.55
化学品及有关产品	5.02	4.71	4.47	4.44	4.69	4.60	4.96	5.55
轻纺产品、橡胶制品、矿冶产品及其制品	16.46	16.26	15.75	16.96	16.95	18.04	18.05	18.32
机械及运输设备	35.66	39.00	42.86	45.21	46.23	47.09	47.39	47.13
杂项制品	32.74	31.07	28.77	26.36	25.48	24.56	24.37	23.43
未分类的商品	0.22	0.20	0.22	0.19	0.21	0.25	0.18	0.12

资料来源：根据中经网统计数据库数据整理。

这段时期中国的进口商品结构有下列几个特点（参见表9.4）。

（1）除2002年和2003年中国进口的初级产品所占比重略有下降外，从总体上看，2001~2008年中国进口的初级产品所占重呈现上升趋势，其比重从2001年的18.78%上升至2008年的32.02%。

（2）2001~2008年中国进口的工业制成品所占比重呈现持续下降趋势，其比重由2001年的81.22%下降至2008年的67.98%。只是在2009年一季度略有上升，但这一上升是由于初级产品的价格大幅度下降引起的，并非由产业结构变动所引起。

（3）在中国初级产品的进口中，呈现明显上升趋势的商品类别是矿物燃料、润滑油及有关原料，其比重由 2001 年的 7.17% 上升至 2008 年的 14.92%。其他商品类别的比重变化不是特别明显。这其中与石油价格迅速飙升明显相关。

（4）在中国工业制成品的进口中，呈现明显下降趋势的商品类别是化学品及有关产品和轻纺产品、橡胶制品、矿冶产品及其制品。化学品及有关产品的比重由 2001 年的 13.18% 下降至 2008 年的 10.52%。轻纺产品、橡胶制品、矿冶产品及其制品的比重由 2001 年的 17.22% 下降至 2008 年的 9.46%。其他商品类别的比重变化不大。

表 9.4　2001～2008 年中国进口商品结构

单位：%

	2001 年	2002 年	2003 年	2004 年	2005 年	2006 年	2007 年	2008 年
总额	100	100	100	100	100	100	100	100
初级产品	18.78	16.69	17.63	20.89	22.38	23.64	25.42	32.02
食品及主要供食用的活动物	2.04	1.77	1.44	1.63	1.42	1.26	1.20	1.24
饮料及烟类	0.17	0.13	0.12	0.10	0.12	0.13	0.15	0.17
非食用原料	9.09	7.70	8.26	9.86	10.64	10.51	12.34	14.76
矿物燃料、润滑油及有关原料	7.17	6.53	7.08	8.55	9.69	11.24	10.97	14.92
动植物油、脂及蜡	0.31	0.55	0.74	0.75	0.52	0.50	0.77	0.93
工业制成品	81.22	83.31	82.37	79.11	77.62	76.36	74.58	67.98
化学品及有关产品	13.18	13.22	11.86	11.71	11.78	11.00	11.25	10.52
轻纺产品、橡胶制品、矿冶产品及其制品	17.22	16.43	15.48	13.19	12.29	10.99	10.77	9.46
机械及运输设备	43.94	46.42	46.72	45.00	44.03	45.11	43.16	39.00
杂项制品	6.19	6.71	8.00	8.93	9.22	9.01	9.15	8.62
未分类的商品	0.69	0.53	0.31	0.27	0.30	0.26	0.26	0.39

资料来源：根据中经网统计数据库数据整理。

（二）贸易方式

这一时期，贸易方式依然以一般贸易和加工贸易为主导，一般贸易保持持续增长，其在贸易总额中所占的比重也有所上升，占比由2001年的44.21%上升至2008年的48.22%。加工贸易中，补偿贸易出现萎缩，来料加工装配贸易在贸易总额中所占的比重明显下降，其比重由2001年的13.95下降至2008年的7.83%。而进料加工贸易和出料加工贸易占比相对稳定（参见表9.5、表9.6）。

其他贸易方式中，易货贸易和免税外汇商品的贸易量趋于萎缩。加工贸易进口设备、外商投资企业作为投资进口的设备物品在贸易总额中所占的比重也有所下降，加工贸易进口设备的比重由2001年的0.32%下降至2008年的0.11%，外商投资企业作为投资进口的设备物品的比重由2001年的2.85%下降至2008年的1.08%；而对外承包工程出口货物和保税仓库进出境货物在贸易总额中所占的比重有所上升，其比重由2001年的0.09%上升至2008年的0.43%。

表9.5 一般贸易变化情况

单位：亿美元,%

	2001年	2002年	2003年	2004年	2005年	2006年	2007年	2008年
金额	2253.9	2653.3	3697.3	4918.6	5948.1	7495.0	9672.2	12352.6
比重	44.21	42.74	43.44	42.59	42.83	42.57	42.49	48.22

注：比重根据一般贸易进出口总额与全部进出口总额之比计算。
资料来源：根据中经网统计数据库数据计算、整理。

表9.6 加工贸易变化情况

单位：千美元,%

年份	补偿贸易		来料加工装配贸易		进料加工贸易		出料加工贸易	
	金额	比重	金额	比重	金额	比重	金额	比重
2001	18501	0.00	71095564	13.95	170341184	33.42	42389	0.01
2002	68776	0.01	81659716	13.16	220493586	35.52	45935	0.01
2003	16866	0.00	93456906	10.98	311327725	36.57	43108	0.01
2004	9366	0.00	122290283	10.59	427438711	37.01	50915	0.00

年份	补偿贸易		来料加工装配贸易		进料加工贸易		出料加工贸易	
	金额	比重	金额	比重	金额	比重	金额	比重
2005	770	0.00	150998814	10.62	539508509	37.94	59974	0.00
2006	920	0.00	168317185	9.56	663554286	37.69	57350	0.00
2007	410	0.00	205208548	9.44	780840734	35.92	83219	0.00
2008	19	0.00	200681399	7.83	852905497	33.30	278415	0.01

注：比重根据各类加工贸易进出口总额与全部进出口总额之比计算。

资料来源：根据中经网统计数据库数据整理。

第三节　对外贸易体制

此段时期，对外贸易体制的改革主要是适应加入 WTO 的需要，加强外贸制度与管理的法律规范，更多地以法律法规替代行政管理。中国于 2001 年 12 月 11 日成为 WTO 成员之后，为履行加入 WTO 的承诺，2004 年 4 月 6 日修订了 1994 年《对外贸易法》，对中国加入 WTO 履行承诺，分享世界贸易组织成员权利的实施机制和程序做出规定，并对加入 WTO 以后发生的变化以及出现的新情况做出法律约束。除 2004 年《对外贸易法》外，中国还于 2002 年颁布实行了《货物进出口管理条例》等对外贸易管理方面的法规。这些法律规范与《对外贸易法》共同构成了新的对外贸易法律体系，旨在更好地服务于履行加入 WTO 承诺。除国内法之外，中国作为 WTO 成员，还必须履行 WTO 以及中国在加入 WTO 时所做承诺，这些承诺主要体现在《中华人民共和国加入世界贸易组织议定书》中，还有中国参加或承认的有关国家贸易的国际公约、条约和国际惯例，譬如，世贸组织规则、《联合国国际货物销售合同公约》等。

一　2004 年《对外贸易法》

该法总则中规定了对外贸易的基本原则，即中国实行统一的对外贸易制度，鼓励发展对外贸易，维护公平、自由的对外贸易秩序。中华人民共和国根据平等互利的原则，促进和发展同其他国家和地区的贸易关系，缔结或者参加关税同盟协定、自由贸易区协定等区域经济贸易协定，参加区域经济组织。中华人民共和国在对外贸易方面根据所缔结或者参加的国际条约、协定，给予其他缔约方、参加方最惠国待遇、国民待遇等待遇，或者根据互惠、对等原则给予对方最惠国待遇、国民待遇等待遇。任何国家或者地区在贸易方面对中华人民共和国采取歧视性的禁止、限制或者其他类似措施时，中华人民共和国可以根据实际情况对该国家或者该地区采取相应的措施。

该法规定，对外贸易经营者，是指依法办理工商登记或者其他执业手续，依照本法和其他有关法律、行政法规的规定，从事对外贸易经营活动的法人、其他组织或者个人。同时，国家可以对部分货物的进出口实行国营贸易管理。

对于货物和技术的进出口，该法规定，国家准许货物与技术的自由进出口。但是，国家基于下列原因，可以限制或者禁止有关货物、技术的进口或者出口：为维护国家安全、社会公共利益或者公共道德；为保护人的健康或者安全，保护动物、植物的生命或者健康，保护环境；为实施与黄金或者白银进出口有关的措施；国内供应短缺或者为有效保护可能用竭的自然资源；输往国家或者地区的市场容量有限；出口经营秩序出现严重混乱；为建立或者加快建立国内特定产业；对任何形式的农业、牧业、渔业产品有必要限制进口的；为保障国家国际金融地位和国际收支平衡；等等。同时，该法规定，国家对限制进口或者出口的货物实行配额、许可证等方式管理；对限制进口或者出口的技术实行许可证管理。

为了维护对外贸易秩序，该法规定，在对外贸易活动中，不得有下列行为：伪造、变造进出口货物原产地标记，伪造、变造或者买卖进出口货物原产地证书、进出口许可证、进出口配额证明或者其他进出口证明文件；骗取出口退税；走私；逃避法律、行政法规规定的认证、检验、检疫；等等。

为了促进对外贸易，该法规定，国家制定对外贸易发展战略，建立和完善对外贸易促进机制，包括：建立和完善为对外贸易服务的金融机构，设立对外贸易发展基金、风险基金；国家通过进出口信贷、出口信用保险、出口退税及其他促进对外贸易的方式，发展对外贸易；国家建立对外贸易公共信息服务体系，向对外贸易经营者和其他社会公众提供信息服务；国家采取措施鼓励对外贸易经营者开拓国际市场，采取对外投资、对外工程承包和对外劳务合作等多种形式，发展对外贸易。该法还规定，对外贸易经营者可以依法成立和参加有关协会、商会。有关协会、商会应当遵守法律、行政法规，按照章程为其成员提供与对外贸易有关的生产、营销、信息、培训等方面的服务，发挥协调和自律作用，依法提出有关对外贸易救济措施的申请，维护成员和行业的利益，向政府有关部门反映成员有关对外贸易的建议，开展对外贸易促进活动。

二　商务部组建与改革

中国对外贸易主管机关在此之前是对外经济贸易部。根据《第十届全国人民代表大会第一次会议关于国务院机构改革方案的决定》和《国务院关于机构设置的通知》（国发〔2003〕8 号），中国新组建了国家商务部。其主要职责包括以下几条。

（1）拟订国内外贸易和国际经济合作的发展战略、方针、政策，起草国内外贸易、国际经济合作和外商投资的法律法规，制定实施细则、规章。

（2）研究提出中国经济贸易法规之间及其与国际多边、双边经贸条约、协定之间的衔接意见。拟订国内贸易发展规划，研究提出流通体制改革意见，培育发展城乡市场，推进流通产业结构调整和连锁经营、物流配送、电子商务等现代流通方式。研究拟订规范市场运行、流通秩序和打破市场垄断、地区封锁的政策，建立健全统一、开放、竞争、有序的市场体系。

（3）监测分析市场运行和商品供求状况，组织实施重要消费品市场调控和重要生产资料流通管理。研究制定进出口商品管理办法和进出口商品目录，组织实施进出口配额计划，确定配额、发放许可证。

（4）拟订和执行进出口商品配额招标政策。拟订并执行对外技术贸易、国家进出口管制以及鼓励技术和成套设备出口的政策。推进进出口贸易标准化体系建设。

（5）依法监督技术引进、设备进口、国家限制出口的技术和引进技术的出口与再出口工作，依法颁发与防扩散相关的出口许可证。研究提出并执行多边、双边经贸合作政策。

（6）负责多边、双边经贸对外谈判，协调对外谈判意见，签署有关文件并监督执行。

（7）建立多边、双边政府间经济和贸易联系机制并组织相关工作。

（8）处理国别（地区）经贸关系中的重要事务，管理同未建交国家的经贸活动。

（9）根据授权，代表中国政府处理与世界贸易组织的关系，承担中国在世界贸易组织框架下的多边、双边谈判，贸易政策审议，争端解决，通报咨询等工作。指导中国驻世界贸易组织代表团、常驻联合国及有关国际组织经贸代表机构的工作和中国驻外经济商务机构的有关工作。

（10）联系国际多边经贸组织驻中国机构和外国驻中国官方商务机构。负责组织协调反倾销、反补贴、保障措施及其他与进出口公平贸易相关的工作，建立进出口公平贸易预警机制，组织产业损害调查，等等。

第四节　对外贸易政策

一　影响贸易政策的因素

这一时期影响我国贸易政策的因素主要包括下列几个方面。首先是中国的加入 WTO 承诺。WTO 是以推进贸易自由化为宗旨的多边贸易组织，作为 WTO 成员，中国运用外贸政策干预经济的回旋余地十分有限，对外贸易政策将趋于中性化，这种影响主要体现在：关税大幅度削减；工业品非关税壁垒近乎全部取消；出口鼓励政策将受到严重削弱和阻碍。

其次是中国的国际收支状况。中国的外贸政策必须转向进出口基本平衡、略有节余的中性目标，以平衡贸易收支，缓和与他国的贸易摩擦。

最后是中国的经济结构和比较优势。各国的经济结构存在巨大差异，中国在加入 WTO 前已被称为"世界工厂"，发达国家的跨国公司纷纷在中国建立生产基地，甚至有些国际企业将研发中心也迁到了中国，产业链条不断延长。外贸政策的制定要充分考虑本国的经济结构，充分发挥本国的比较优势，以外贸带动中国的产业结构调整与经济的高质量发展。

二　与加入 WTO 承诺相关的对外贸易政策改革

根据世贸组织秘书处 2006 年和 2008 年两次对中国对外贸易政策的审议，中国对外贸易政策进行了重大调整。

中国实行了一系列对外贸易及与对外贸易有关的改革。中国实施的最惠国关税税率也从 2001 年的 15.6% 降至 2005 年的 9.7%。2005 年，中国农产品（世贸组织定义）和非农产品的最惠国平均税率分别为 15.3% 和 8.8%。2005 年，中国的约束税率为 10%。根据《曼谷协定》，中国还将双边贸易优惠的适用范围扩展至东盟各国、巴基斯坦以及香港、澳门等地区。

中国遵守加入 WTO 议定书的承诺，逐步取消了非关税措施。目前，中国保留的进口禁止措施主要存在于健康和安全领域，受国际公约的保护。此外，中国也禁止进口一些单纯的加工产品或二次出口产品，如部分农产品、矿产品、化学肥料以及其他废弃原料。中国利用自动许可和非自动许可程序对一些进口予以规制。其中，非自动许可程序主要针对国际公约明令禁止进口的产品；自动许可程序主要用于监控进口，确保进口产品不引起剧烈波动。2002 年，中国自动许可程序下的关税税目小幅增长，约占关税税目总数的 16%。除部分农产品和化肥仍然存在关税配额以外，进口配额完全取消。

中国开始简化检验检疫措施、应急措施等。2005 年，32% 的标准与国际标准接轨，44% 的标准经过修改与国际接轨，11.6% 的标准被取消。

中国《政府采购法》规定了政府机关、公共和社会机构的采购权（没有赋予国有企业该项权利），目的是促成经济和社会的发展。采购的范围涉及国内产品、建筑和服务领域。中国是世贸组织《政府采购协议》的观察员。

中国的出口机制包括出口关税、出口禁止、出口许可和出口配额。包括禁止和许可在内的出口限制目的是避免国内产品供给不足，或保留自然资源和能源为己所用，或削减中国大量的贸易顺差以避免贸易争端。中国对部分农产品、石油和矿产品设立了全球出口配额；对香港和澳门特别行政区的活牛、活猪、活鸡出口设立了专门配额。根据中国与欧盟、美国签订的谅解备忘录，中国限制纺织品服装出口，并分别于 2007 年底和 2008 年底取消该限制。此外，中国将大米、玉米、棉花、煤、原油及精炼油、钨矿及钨产品、锑矿和锑产品、银、烟制品纳入国营贸易范畴，以确保上述产品稳定的国内供应。从价税率和出口税率也进行了相应的调整，目的是满足特定产品的国内供应。

中国亦持续利用各种贸易工具，以促进对高科技产业的投资、鼓励创新与保护环境（例如：减少能源的损耗）。这类工具包括租税奖励、直接补贴、价格管制，以及各种形式的"指导"，包括特定部门的工业政策。

中国加强参与多边贸易体系，同时与若干贸易伙伴洽签区域自由贸易协议，并积极参与 WTO 多哈回合贸易谈判。在 2006 年及 2007 年中国有两个自由贸易协定（Free Trade Agreement，FTA）生效，分别是在 2006 年 10 月 1 日生效的中国—智利自由贸易区，以及在 2007 年 7 月 1 日生效的中国—巴基斯坦自由贸易区。

中国修订了产业发展政策。政府的直接管制还是农业政策的重要内容之一。中国的农业政策规定了一系列限制性措施。20 世纪 70 年代末期的农业改革赋予了农民自主决定产量的灵活性，许多限制措施被放宽，农产品最惠国平均税率从 2001 年的 23.1% 降至 2005 年的 15.3%，谷物、食用油、食糖、矿产品、化学肥料、羊毛和棉花制品的进口配额逐步转向税率配额。但是，中国的国营贸易仍然存在，目的是维持供求和价格的稳定。税制改革则主要针对农村地区不合理的税负。中国正在通过进口和在全球石油产业的外部投资补充国内石油供应；中国还将设立全国石油储备，稳定油价，实现供需平衡。石油和电力的价格仍由政府决定，国有企业的供给和国营贸易则从另一方面平衡供需。中国计划以水力发电、核电来弥补当前的煤炭发电，并降低能源消耗。中国鼓励对制造业高新技术的投资，并适时运用政府指导和贸易政策。中国主要产业内部的快速发展，导致钢铁产业产能过剩，政府希望通过并购、企业重组、关闭一些小企业的方式重新限制产能。尽管制造业最惠国税率低于其他产业（2005 年为 5%），但进出口的限制措施仍继续规制供需。2004 年底，中国取消了对汽车零部件的进口配额，这也是中国加入 WTO 议定书中所做的承诺。中国的最惠国税率从 2001年的 30.1% 降至 2005 年的 14.8%。纺织服装业更趋自由的规定提高了生产能力，并将提升产品的附加值。以往受出口配额和许可程序约束的丝绸产品数量减少。中国纺织品的关税从 2001 年的 20.7% 降至 2005 年的 10.9%，成衣关税从 2001 年的 24.1% 降至 2005 年的 15.8%。但是，棉花进口仍然处于国营贸易和税率配额的保护之下。电子通信设备是中国出口量最大的领域之一，也在向鼓励国内生产、出口高附加值产品的方向发展。在服务业方面，中国遵守世贸组织《服务贸易总协定》，放宽对服务业的限制；其承诺事项涉及服务业十二大部门中的九个。银行业、保险业、电信业、运输业带有明显的公有制经济特征。电信业由六家国有企业垄断，大部分附加值服务则由私营企业提供。政府虽然出台了价格上限或指导价格，但电信业价格仍然由政府决定。基础电信业允许少量的外国投资，主要通过证券市场。航空运输和海上运输业也由国有企业垄断。

中国仍然持续采取一些对外贸易或对外贸易相关的措施以提高透明度，例如《政府信息公开条例》的颁布，以及其间相关法令的执行，包括《物权法》、《企业所得税法》、《中华人民共和国反垄断法》和《企业破产法》等，均有助于投资环境的改善。

中国已经建立起完备的知识产权保护体系，近两年来政府部门针对侵权行为的多次大规模执法行动也起到了很好的效果，但仍然存在一些不足，比如虽然通过司法体系判决的案件数量正在上升，行政处罚的案件数还是居高不下。另外，对侵权案件的惩罚力度还不够，构成刑事案件的"门槛"定得比较高。

三　出口退税政策

1994 年税制改革以后，至 2008 年中国出口退税政策历经七次大幅调整。

1995~1996 年进行了第一次大幅出口退税政策调整，由原来的对出口产品实行零税率调整为 3%、6% 和 9% 三档。

1998 年为促进出口进行了第二次调整，提高部分出口产品退税率至 5%、13%、15%、17% 四档。

此后，外贸出口连续三年大幅度、超计划增长，带来了财政拖欠退税款的问题。2004 年 1 月 1 日起国家第三次调整出口退税率为 5%、8%、11%、13% 和 17% 五档。

2005 年进行了第四次调整，中国分期分批调低和取消了部分"高耗能、高污染、资源性"产品的出口退税率，同时适当降低了纺织品等容易引起贸易摩擦的出口退税率，提高重大技术装备、IT 产品、生物医药产品的出口退税率。

2007 年 7 月 1 日执行了第五次调整的政策，调整共涉及 2831 项商品，约占海关税则中商品总数的 37%。经过这次调整以后，出口退税率变成 5%、9%、11%、13% 和 17% 五档。

2008 年 8 月 1 日第六次出口退税政策调整后，部分纺织品、服装的出口退税率由 11% 提高到 13%；部分竹制品的出口退税率提高到 11%。

第七次调整就是从 2008 年 11 月 1 日实施的上调出口退税率政策。此次调整涉及 3486 项商品，约占海关税则中商品总数的 25.8%。主要包括两个方面的内容：一是适当提高纺织品、服装、玩具等劳动密集型商品的出口退税率。二是提高抗艾滋病药物等高技术含量、高附加值商品的出口退税率。这时，中国的出口退税率分为 5%、9%、11%、13%、14% 和 17% 六档。

第五节 对外贸易体制与实践评价

一 对外贸易取得的进展

第一，对外贸易发展迅速，世界排名靠前。2008 年中国对外贸易排名世界第三，出口第二，进口第三，顺差第一。2008 年进出口总额排名前五位的国家依次是：美国（34670 亿美元）、德国（26710 亿美元）、中国（25616 亿美元）、日本（15440 亿美元）、法国（13170 亿美元）。中国与排名第二的德国相差 1094 亿美元，比上年减少 1028 亿美元。2008 年出口排名前五位的国家依次是：德国（14650 亿美元）、中国（14285 亿美元）、美国（13010 亿美元）、日本（7820 亿美元）、荷兰（6340 亿美元）。中国与排名第一的德国相差 365 亿美元，比上年减少 725 亿美元。2008 年进口排名前五位的国家依次是：美国（21660 亿美元）、德国（12060 亿美元）、中国（11331 亿美元）、日本（7620 亿美元）、法国（7080 亿美元）。中国与排名第二的德国相差 729 亿美元，比上年减少 271 亿美元。2008 年顺差排名前五位的国家依次是：中国（2955 亿美元）、德国（2590 亿美元）、沙特（2187 亿美元）、俄罗斯（1800 亿美元）、挪威（735 亿美元）。中国从上年的第二位跃居第一位，比排名第二的德国高出 365 亿美元。

第二，进出口贸易结构不断优化。2001~2008 年，中国进口的初级产品所占比重不断上升，而中国出口的初级产品所占比重不断下降。中国出口的工业制成品所占比重上升，特别是机械及运输设备出口上升较快。从中国出口国别（地区）结构来看，亚洲是中国出口的第一大目的地，但是，中国出口到亚洲的商品所占比重有所下降，出口到非洲、欧洲、拉丁美洲和大洋洲的商品比重有所上升，出口到日本和中国香港的商品比重有所下降，出口到东盟和欧盟的商品比重有所上升。从中国进口国别（地区）结构来看，亚洲是中国进口的第一大来源地，中国进口的非洲、拉丁美洲和大洋洲的商品比重有所上升，而进口的欧洲和北美洲的商品比重有所下降，进口的日本和中国香港的商品比重有所下降，进口的欧盟的商品比重也有所下降。与排名前列的贸易伙伴特别是美国之间的贸易额在中国全部对外贸易额中所占比重呈下降趋势，而与排名稍微靠后的贸易伙伴之间的贸易额在中国全部对外贸易额中所占比重呈上升趋势。

第三，包括《对外贸易法》在内的各种法律法规不断完善，有利于规范进出口行为，保证中国对外贸易持续稳定地发展。

第四，相关政策的使用比较妥当。采取了对人民币缓慢升值的政策，保证了中国对外贸易的稳定增长；出口退税政策的使用减轻了金融危机对中国商品出口的巨大冲击。

二　对外贸易体制与政策存在的问题

第一，出口产品结构的低端特性使中国出口面临日益严重的技术性贸易壁垒的制约，因而结构升级是中国出口可持续发展的根本突破口。但是，中国出口产品升级既面临企业自主创新能力低下的制约，又面临发达国家企业与政府利用知识产权实施的双重标准的制约。另外，中国的出口还受到贸易伙伴知识产权法律的限制，中国已经成为美国超级 301 调查和 337 调查最多的国家。

第二，中国对外贸易虽然发展很快，但是其出口贸易增长对外商投资企业依赖严重。2001 外资企业进口所占比重为 51.7%，出口所占比重为50.1%。到 2008 年，外资企业进口所占比重为 54.7%，出口所占比重为 55.3%。

第三，贸易平衡的压力较大。由于外汇收支仍然保持经常项目和资本项目双顺差的格局，中国的外汇储备继续大幅增加。中国贸易顺差持续扩大的根本原因在于国际产业转移所形成的"美欧消费、亚洲加工"的全球贸易格局，短期内迅速调整、实现贸易平衡的难度很大。

第四，外商投资企业大量出口给中国带来的只是劳动者加工报酬的少量增加，留下的却是资源的过度开发还有环境污染，中国实际得到的贸易利益或收益十分有限。

第五，由于自主品牌的缺失，中国在对外贸易中的获益较少。

第十章 对外贸易摩擦增多与贸易转型发展（2009~2019）

第一节 对外贸易背景

2009~2019 年，世界经济进入金融危机的衰退期、复苏期和贸易摩擦增多期。2008 年，美国次贷危机爆发。次贷危机首先在美国银行和资本市场上产生多米诺骨牌崩溃效应，接着世界各国发生了大规模的"股灾"，货币市场剧烈波动，国际贸易连连受挫，世界性的金融危机形成。2009 年，世界经济出现明显的衰退。

2008 年的金融危机，对世界经济和中国经济而言影响都是深远的。世界经济方面，金融危机使世界经济进入明显的衰退期，虽然经过几年的努力，经济终于慢慢恢复，但其中穿插的多国债务危机和经济受困、企业破产的痛苦经历，使各国的金融与贸易保护主义都明显抬头。向来举着自由贸易旗帜的美国，在金融危机后，越来越倾向于贸易保护。特朗普当选美国总统后，美国对待国际贸易的态度越发保守和消极，与中国、欧盟、日本、墨西哥、加拿大等都有贸易争端或摩擦。世界经济和国际贸易进入多事之秋。

中国经济方面，金融危机的直接冲击是出口恶化，企业利润下滑。中国作为制造业大国，当时经济的贸易依存度处于较高的位置，金融危机发生对贸易形成了直接打击，2009 年出口明显倒退。此期间，由于中国坚持人民币币值稳定，美元贬值明显，企业的出口利润大幅下滑。与此同时，为扭转对外贸易的不利局面，中国加大了对外贸易的开放度与便利度，在上海等地开启了自由贸易试验区建设，以"一带一路"为蓝图，加强了与沿线国家的经贸合作，并确立了全方位开放的对外贸易政策。

尽管受到金融危机的影响，2009 年以来，中国经济依然继续保持中高速增长，依然是世界经济增长的主要贡献者，GDP 从 2009 年的 34.85 万亿元增长到 2018 年的 90.03 万亿元，稳居世界第二，对世界经济增长的贡献率接近 30%。随着供给侧结构性改革的推进，基础设施建设的发力，对新兴产业的扶持，中国的经济结构不断优化，高铁、公路、桥梁、港口、机场等基础设施建设快速推进，数字经济等新兴产业蓬勃发展。

第二节　对外贸易状况

一　总体状况

2009~2019 年，中国对外贸易波动较大，对外贸易在曲折中保持增长。其间，金融危机之后的 2009 年，以及贸易转型期的 2015 年、2016 年，中国对外贸易出现了负增长，其他年份都保持了正增长，其中 2010 年、2011 年呈现大幅度增长。与贸易增长率不同的是，对外贸易差额每年都保持顺差，总体呈上升之势（参见表 10.1）。

表 10.1　2009~2018 年中国进出口总体情况

单位：亿美元，%

年份	进出口		出口		进口		差额
	总额	增速	总额	增速	总额	增速	
2009	22075.3	-13.8	12016.1	-15.9	10059.2	-11.2	1956.9
2010	29739.9	34.7	15777.5	31.3	13962.4	38.8	1815.1
2011	36418.6	22.5	18983.8	20.3	17434.8	24.9	1549.0
2012	38671.2	6.2	20487.1	7.9	18184.1	4.3	2303.0
2013	41589.9	7.5	22090.0	7.8	19499.9	7.2	2590.1
2014	43015.2	3.4	23422.9	6.0	19592.3	0.5	3830.6
2015	39530.3	-8.1	22734.7	-2.9	16795.6	-14.3	5939.1
2016	36855.6	-6.8	20976.3	-7.7	15879.3	-5.5	5097.0
2017	41045.0	11.4	22635.2	7.9	18409.8	15.9	4225.4
2018	46230.4	12.6	24874.0	9.9	21356.4	16.0	3517.6

资料来源：《中国海关统计年鉴》（2009~2018），中国海关总署出版社，2010~2019。

表 10.2 给出了 2009~2018 年中国出口占世界出口总额比重及中国出口在世界出口中的排名情况。数据表明，中国出口占世界出口总额比重呈现上升趋势，在世界各国出口中始终排在首位，领先第二名的优势也在加大。这说明中国在世界贸易中发挥了越来越重要的作用。

表 10.2 2009~2018 年中国出口在世界贸易中的位置

单位：亿美元,%

年份	世界出口总额	中国出口总额	占比	中国出口在世界出口中的位次
2009	125220.0	12016.1	9.60	1
2010	152370.0	15777.5	10.35	1
2011	182910.0	18983.8	10.38	1
2012	184040.0	20487.1	11.13	1
2013	187840.0	22090.0	11.76	1
2014	189350.0	23422.9	12.37	1
2015	164467.0	22734.7	13.82	1
2016	154600.0	20976.3	13.57	1
2017	177299.0	22635.2	12.77	1
2018	194750.0	24874.0	12.77	1

资料来源：世界贸易组织数据库。

二 主要贸易伙伴

表 10.3 是 2009~2018 年中国与前十大贸易伙伴之间的进出口贸易额及其排名。根据数据可以得出几个特点。

第一，2009~2018 年，中国与前十大贸易伙伴间的贸易额除 2015 年和 2016 年略有下降外，总体呈上升趋势。

第二，这一时期，中国的主要贸易伙伴较为稳定，排名前八位的是欧盟、美国、东盟、日本、中国香港、韩国、台湾地区和澳大利亚。欧盟和美国一直排名第一和第二；东盟除 2009 年和 2010 年外，其他年份都是排名第三；日本的排名集中在第三至第五之间；中国香港的排名在第四至第六之间；韩国、台湾地区和澳大利亚的排名基本保持不变，基本稳定在第六、第七和第八位；第九和第十位则是由巴西、俄罗斯、印度和越南这几个国家来竞争。

表 10.3　中国前十大贸易伙伴及中国与之贸易额

单位：亿美元

位次	2009 年	2010 年	2011 年	2012 年	2013 年	2014 年	2015 年	2016 年	2017 年	2018 年
1	欧盟 (3640.9)	欧盟 (4797.1)	欧盟 (5672.1)	欧盟 (5460.4)	欧盟 (5590.4)	欧盟 (6151.4)	欧盟 (5647.5)	欧盟 (5489.9)	欧盟 (6444.6)	欧盟 (6821.6)
2	美国 (2982.6)	美国 (3853.4)	美国 (4466.5)	美国 (4848.8)	美国 (5210.0)	美国 (5551.1)	美国 (5582.8)	美国 (5196.1)	美国 (5837.0)	美国 (6335.2)
3	日本 (2288.5)	日本 (2977.7)	东盟 (3628.5)	东盟 (4000.9)	东盟 (4436.1)	东盟 (4803.9)	东盟 (4721.6)	东盟 (4517.9)	东盟 (5148.0)	东盟 (5878.7)
4	东盟 (2130.1)	东盟 (2927.9)	日本 (3428.9)	中国香港 (3414.9)	中国香港 (4010.1)	中国香港 (3760.9)	中国香港 (3436.0)	中国香港 (3052.5)	日本 (2972.8)	日本 (3276.6)
5	中国香港 (1749.5)	中国香港 (2305.8)	中国香港 (2835.2)	日本 (3294.5)	日本 (3125.5)	日本 (3124.4)	日本 (2786.6)	日本 (2748.0)	中国香港 (2812.1)	韩国 (3134.3)
6	韩国 (1562.3)	韩国 (2071.7)	韩国 (2456.3)	韩国 (2563.3)	韩国 (2742.5)	韩国 (2904.4)	韩国 (2758.1)	韩国 (2524.3)	韩国 (2399.7)	中国香港 (3105.6)
7	台湾地区 (1062.3)	台湾地区 (1453.7)	台湾地区 (1600.3)	台湾地区 (1689.6)	台湾地区 (1972.8)	台湾地区 (1983.1)	台湾地区 (1882.1)	台湾地区 (1795.9)	台湾地区 (1310.1)	台湾地区 (2262.4)
8	澳大利亚 (600.8)	澳大利亚 (880.9)	澳大利亚 (1166.3)	澳大利亚 (1223.0)	澳大利亚 (1363.8)	澳大利亚 (1369.0)	澳大利亚 (1139.6)	澳大利亚 (1078.3)	澳大利亚 (1256.0)	德国 (1838.8)
9	印度 (433.8)	巴西 (625.5)	巴西 (842.0)	俄罗斯 (881.6)	巴西 (902.8)	俄罗斯 (952.8)	印度 (716.2)	俄罗斯 (695.3)	巴西 (876.3)	澳大利亚 (1527.9)
10	巴西 (424.0)	印度 (617.6)	俄罗斯 (792.5)	巴西 (857.2)	俄罗斯 (892.1)	巴西 (865.8)	巴西 (715.8)	巴西 (658.7)	印度 (845.0)	越南 (1478.6)

资料来源：根据中经网统计数据库整理。

第三，中国的贸易伙伴主要来自欧洲、美洲、亚洲和大洋洲，前十大贸易伙伴中没有非洲国家。中国与发达国家或地区间的贸易额远高于中国与新兴国家和发展中国家间的贸易额，这可能是中国与发达国家间贸易结构的互补性和中国与发展中国家间贸易结构的趋同性带来的结果。

三 贸易结构与方式

（一）贸易商品结构

1. 出口商品结构

2009~2018年，中国初级产品出口所占比重保持相对稳定，呈现先下降后上升的小幅波动。其比重从2009年的5.25%逐渐下降到2015年的4.57%，然后又上升到2018年的5.42%。相对地，工业制成品在出口商品中所占的比重则呈现先上升后下降的小幅波动。其比重从2009年的94.75%逐渐上升到2015年的95.43%，然后又下降到2018年的94.58%（参见表10.4）。

在初级产品出口中，食品及主要供食用的活动物，饮料及烟类，动植物油、脂及蜡的比重总体上呈现小幅上升，其中，食品及主要供食用的活动物在出口商品中所占的比重从2009年的2.72%平稳波动到2018年的2.63%，饮料及烟类在出口商品中所占的比重从2009年的0.14%上升到2018年的0.15%，动植物油、脂及蜡在出口商品中所占的比重从2009年的0.03%上升到2018年的0.04%。矿物燃料、润滑油及有关原料的比重总体上呈现小幅下降，其在出口商品中所占的比重从2009年的1.70%平稳波动到2018年的1.88%。非食用原料的出口比重总体上保持不变。

在工业制成品出口中，化学品及有关产品，轻纺产品、橡胶制品、矿冶产品及其制品，未分类的商品的比重总体上呈现上升趋势，其中，化学品及有关产品在出口商品中所占的比重从2009年的5.16%上升到2018年的6.73%，轻纺产品、橡胶制品、矿冶产品及其制品在出口商品中所占的比重从2009年的15.38%上升到2018年的16.27%，未分类的商品在出口商品中所占的比重从2009年的0.14%上升到2018年的0.23%。机械及运输设备、杂项制品的比重总体上呈现小幅下降，其中，机械及运输设备在出口商品中所占的比重从 2009 年的 49.12%下降到 2018 年的 48.56%，杂项制品在出口商品中所占的比重从 2009 年的 24.95%下降到 2018 年的 22.74%。

表 10.4　2009~2018 年中国出口商品结构

单位：%

	2009 年	2010 年	2011 年	2012 年	2013 年	2014 年	2015 年	2016 年	2017 年	2018 年
总额	100	100	100	100	100	100	100	100	100	100
初级产品	5.25	5.18	5.30	4.91	4.86	4.81	4.57	5.01	5.20	5.42
食品及主要供食用的活动物	2.72	2.61	2.66	2.54	2.52	2.52	2.56	2.91	2.77	2.63
饮料及烟类	0.14	0.12	0.12	0.13	0.12	0.12	0.15	0.17	0.15	0.15
非食用原料	0.68	0.74	0.79	0.70	0.66	0.68	0.61	0.62	0.68	0.72
矿物燃料、润滑油及有关原料	1.70	1.69	1.70	1.51	1.53	1.47	1.23	1.28	1.56	1.88
动植物油、脂及蜡	0.03	0.02	0.03	0.03	0.03	0.03	0.03	0.03	0.04	0.04
工业制成品	94.75	94.82	94.70	95.09	95.14	95.19	95.43	94.99	94.80	94.58
化学品及有关产品	5.16	5.55	6.05	5.54	5.41	5.74	5.70	5.81	6.24	6.73
轻纺产品、橡胶制品、矿冶产品及其制品	15.38	15.79	16.83	16.26	16.32	17.09	17.20	16.74	16.26	16.27
机械及运输设备	49.12	49.45	47.50	47.07	47.01	45.70	46.59	46.92	47.84	48.56
杂项制品	24.95	23.94	24.20	26.15	26.31	26.56	25.84	25.24	24.20	22.74
未分类的商品	0.14	0.09	0.12	0.07	0.08	0.10	0.10	0.27	0.25	0.23

资料来源：根据国家统计局数据库和商务部官方网站数据整理。

2. 进口商品结构

2009~2018 年，中国初级产品进口所占比重呈现小幅上升趋势，所占比重从 2009 年的 28.81%上升到 2018 年的 35.64%。与此同时，工业制成品在进口商品中所占的比重总体上呈现小幅下降趋势，所占比重从 2009 年的71.19%下降到 2018 年的 64.36%（参见表 10.5）。

在初级产品进口中，食品及主要供食用的活动物，饮料及烟类和矿物燃料、润滑油及有关原料的比重总体上呈现上升趋势。其中，食品及主要供食用的活动物在进口商品中所占的比重从 2009 年的 1.47% 上升到 2018 年的 3.35%，饮料及烟类在进口商品中所占的比重从 2009 年的 0.19% 上升到 2018 年的 0.35%，矿物燃料、润滑油及有关原料在进口商品中所占的比重从 2009 年的 12.33% 上升到 2018 年的 18.32%。动植物油、脂及蜡在进口商品中所占的比重总体上呈现下降趋势，其比重从 2009 年的 0.76% 下降到 2018 年的 0.46%。

表 10.5　2009~2018 年中国进口商品结构

单位：%

	2009 年	2010 年	2011 年	2012 年	2013 年	2014 年	2015 年	2016 年	2017 年	2018 年
总额	100	100	100	100	100	100	100	100	100	100
初级产品	28.81	31.07	34.66	34.92	33.75	33.02	28.11	27.78	31.35	35.64
食品及主要供食用的活动物	1.47	1.54	1.65	1.94	2.14	2.39	3.01	3.10	2.95	3.35
饮料及烟类	0.19	0.17	0.21	0.24	0.23	0.27	0.34	0.38	0.38	0.35
非食用原料	14.05	15.19	16.34	14.83	14.69	13.76	12.49	12.76	14.14	13.15
矿物燃料、润滑油及有关原料	12.33	13.54	15.82	17.22	16.16	16.17	11.82	11.12	13.46	18.32
动植物油、脂及蜡	0.76	0.63	0.64	0.69	0.53	0.43	0.45	0.42	0.42	0.46
工业制成品	71.19	68.93	65.34	65.08	66.25	66.98	71.89	72.22	68.65	64.36
化学品及有关产品	11.14	10.72	10.39	9.86	9.76	9.86	10.20	10.34	10.52	11.05
轻纺产品、橡胶制品、矿冶产品及其制品	10.71	9.40	8.62	8.03	7.58	8.80	7.92	7.68	7.34	7.06
机械及运输设备	40.54	39.35	36.17	35.91	36.42	36.96	40.63	41.43	39.92	37.37
杂项制品	8.47	8.13	7.33	7.51	7.12	7.13	8.02	7.94	7.29	6.85
未分类的商品	0.33	1.32	2.84	3.78	5.37	4.22	5.13	4.84	3.59	1.99

资料来源：根据国家统计局数据库和商务部官方网站数据整理。

在工业制成品进口中，化学品及有关产品，轻纺产品、橡胶制品、矿冶产品及其制品，机械及运输设备，杂项制品的比重总体上呈现小幅下降。其中，化学品及有关产品在进口商品中所占的比重从 2009 年的11.14%下降到 2018 年的 11.05%，轻纺产品、橡胶制品、矿冶产品及其制品在进口商品中所占的比重从 2009 年的 10.71%下降到 2018 年的7.06%，机械及运输设备在进口商品中所占的比重从 2009 年的40.54%下降到 2018 年的 37.37%，杂项制品在进口商品中所占的比重从 2009年的 8.47%下降到 2018 年的 6.85%。未分类的商品在进口商品中所占的比重总体上保持稳定，其比重从 2009 年的 0.33%小幅波动到 2018 年的 1.99%。

（二）贸易方式

2009~2018 年，中国对外贸易方式中，一般贸易交易额及其所占全部贸易方式的比重均呈现上升趋势，所占比重由 2009 年的 48.19%上升至 2018 年的 57.85%，表明中国的贸易方式结构有所改善（参见表 10.6）。

表 10.6 一般贸易及其比重

单位：亿美元，%

	2009 年	2010 年	2011 年	2012 年	2013 年	2014 年	2015 年	2016 年	2017 年	2018 年
金额	10637.1	14887.1	19245.9	20098.3	21972.5	23131.9	21388.8	20300.6	23128.5	26749.2
比重	48.19	50.06	52.85	51.97	52.83	53.78	54.11	55.08	56.35	57.85

资料来源：根据国研网统计数据库数据整理。

2009~2018 年，中国对外贸易方式中，加工贸易呈现小幅回落，所占比重从 2009 年的 41.2%下降到 2018 年的 27.5%。加工贸易构成中，进料加工贸易所占比重最高，来料加工装配贸易次之，出料加工贸易和补偿贸易所占比重很小，基本可以忽略不计。此外，进料加工贸易和来料加工装配贸易所占比重呈现明显的逐步下降趋势（参见表 10.7）。

表 10.7 加工贸易交易额及其比重

单位：千美元，%

年份	补偿贸易		来料加工装配贸易		进料加工贸易		出料加工贸易	
	金额	比重	金额	比重	金额	比重	金额	比重
2009	142	0.00	169415997	7.67	739903199	33.52	123560	0.01
2010	455	0.00	211611487	7.12	946151084	31.81	310993	0.01
2011	242	0.00	201288070	5.53	1103924286	30.31	270767	0.01
2012	-		183325389	4.74	1160623058	30.01	432191	0.01
2013	-		180021780	4.33	1177784728	28.32	451287	0.01
2014	224		188229269	4.38	1220511674	28.37	542397	0.01
2015	54	0.00	175666568	4.44	1069125918	27.05	504951	0.01
2016	-	0.00	161301060	4.38	950989165	25.80	485763	0.01
2017	-	0.00	164438591	4.01	1025614073	24.99	533020	0.01
2018	-	0.00	179373952	3.88	1089650530	23.57	5085344	0.11

资料来源：根据国研网统计数据库数据整理。

2009~2018 年，中国对外贸易方式中，其他贸易方式占比从 2009 年的 10.61% 上升到 2018 年的 14.65%，有逐步扩大的趋势，特别是保税监管场所进出境货物、海关特殊监管区域进口设备两种形式的贸易，随着自由贸易试验区的扩大而明显增长。其中，保税监管场所进出境货物的比重由 2009 年的 3.68% 上升至 2018 年的 4.18%，海关特殊监管区域进口设备的比重由 2009 年的 0.10% 上升至 2018 年的 0.18%。新的贸易方式随着自由贸易试验区和跨境电子商务的发展而出现，如"海关特殊监管区域物流货物"贸易方式，在 2018 年的贸易占比达到 6.87%。在其他贸易方式内部构成中，加工贸易进口设备的比重由 2009 年的 0.04% 下降至 2018 年的 0.02%，对外承包工程出口货物的比重由 2009 年的 0.61% 下降至 2018 年的 0.37%，租赁贸易的比重由 2009 年的 0.16% 下降至 2018 年的 0.09%，外商投资企业作为投资进口的设备物品的比重由 2009 年的 0.69% 下降至 2018 年的 0.07%。易货贸易、免税外汇商品所占比重较小，易货贸易基本可以忽略不计（参见表 10.8）。

表 10.8　中国主要的其他贸易方式交易额及其占比

单位：千美元，%

年份		加工贸易进口设备	对外承包工程出口货物	租赁贸易	外商投资企业作为投资进口的设备物品	易货贸易	免税外汇商品	保税监管场所进出境货物	海关特殊监管区域进口设备
2009	金额	953159	13356869	3565077	15176074	9218	5452	81185446	2113394
	占比	0.04	0.61	0.16	0.69	0.00	0.00	3.68	0.10
2010	金额	1212197	12617320	5772536	16311768	2491	10280	96464867	3994233
	占比	0.04	0.42	0.19	0.55	0.00	0.00	3.24	0.13
2011	金额	885440	14922785	5625280	17507899	3140	13384	122952227	4892375
	占比	0.02	0.41	0.15	0.48	0.00	0.00	3.38	0.13
2012	金额	911623	14781886	7322477	13429048	584	25460	126446173	6093760
	占比	0.02	0.38	0.19	0.35	0.00	0.00	3.27	0.16
2013	金额	968871	16011207	8961196	9834509	3149	27562	131353426	3993167
	占比	0.02	0.38	0.22	0.24	0.00	0.00	3.16	0.10
2014	金额	686530	16326085	10538857	9059376	6319	19923	153158285	5133206
	占比	0.02	0.38	0.25	0.21	0.00	0.00	3.56	0.12
2015	金额	634556	16131703	9306055	6160907	5175	14603	137951373	6543791
	占比	0.02	0.41	0.24	0.16	0.00	0.00	3.49	0.17
2016	金额	463120	13304471	3052200	4066792	9723	22496	135181082	4893902
	占比	0.01	0.36	0.08	0.11	0.00	0.00	3.67	0.13
2017	金额	749563	15391352	2125031	4449777	112119	21280	156632836	6440781
	占比	0.02	0.37	0.05	0.11	0.00	0.00	3.82	0.16
2018	金额	924608	17105248	4160736	3421049	103752	2496442	193243072	8321472
	占比	0.02	0.37	0.09	0.07	0.00	0.05	4.18	0.18

资料来源：根据海关总署统计资料、国研网统计数据库数据整理。

第三节　对外贸易体制

一　切实履行加入世界贸易组织承诺

中国加入世界贸易组织以来，积极践行自由贸易理念，全面履行加入世界贸易组织承诺，积极改革和创新对外贸易体制机制，为全球贸易发展提供了空间与机遇，对全球贸易繁荣做出了贡献。

2018年6月28日，国务院新闻办公室发表《中国与世界贸易组织》白皮书。白皮书指出，加入世界贸易组织以来，中国不仅切实履行了加入世界贸易组织承诺，还"自我加压"，贸易机制改革的范围和对外开放程度远远超出承诺的广度和深度。加入世界贸易组织以来，中国大幅度降低了进口关税。至2010年，中国货物进口降税承诺已全部履行完毕，关税总水平由2001年的15.3%降到2010年的9.8%。在此基础上，中国还主动对外开放，在关税水平上超额兑现了加入世界贸易组织承诺。2015年中国的贸易加权平均关税已降至4.4%，十分接近美国的2.4%、欧盟3%的进口关税水平。

从服务贸易看，在世界贸易组织的160个服务业分部门中，中国已放开120个部门，也超出承诺的100个领域开放范围。当初未做出承诺的领域，包括研发、采矿、电信、教育、保险、证券、银行、空运等，也已进行了部分开放。中国在自由贸易试验区中的金融、分销、交通运输等领域的开放程度，均超过加入世界贸易组织承诺的水平。

在知识产权、贸易透明度等方面，中国也积极履行义务，已构建起完备的知识产权保护法律体系，并持续加强知识产权保护执法力度。知识产权保护的明显效果从中国对外支付知识产权费金额上可得到体现。加入世界贸易组织以来，中国对外支付知识产权费金额年均增长17%，2017年达到286亿美元。

二　维护和促进自由贸易体制

2008年金融危机以来，虽然全球经济已经复苏，但经济增长依旧乏力，贸易保护主义、孤立主义、民粹主义等思潮不断抬头，一些发达国家在对待贸易的态度上开始越来越多地向保守主义转向，在全球范围掀起一股

"反全球化""去全球化"的逆流。一些国家打着"维护国内产业利益"和"维护国家安全"的旗号，实行形形色色的贸易保护主义措施。这不仅是对多边自由贸易秩序的挑战，也是对国际贸易公平性的挑战，威胁到世界贸易的健康增长。

自加入世界贸易组织后，中国一直是多边自由贸易的积极倡导者和坚定维护者。为加大对外贸易的开放度和自由度，中国采取了诸多措施，包括积极与贸易伙伴签订双边自由贸易协定；启动自由贸易试验区建设；推动贸易便利化改革；开启以"一带一路"为框架的双边或多边对外经贸合作；等等。面对少数国家对中国贸易体制和政策的种种指责，中国政府并没有转入保守或躲避的态度，而是坚定不移地推进对外开放，出台新的扩大对外开放政策。国家主席习近平在博鳌亚洲论坛2018年年会开幕式上郑重宣布：中国将主动扩大进口；加快保险行业开放进程、放宽外资金融机构设立限制；放宽汽车行业外资限制；全面落实准入前国民待遇加负面清单管理制度；保护在华外资企业合法知识产权；降低汽车进口关税；等等。

第四节　对外贸易政策

2018年7月13日，世界贸易组织对中国第七次贸易政策进行审议。在审议过程中，世界贸易组织成员对于中国在过去两年里的经济贸易政策给予了充分肯定，对中国履行世界贸易组织的各项义务所取得的进展也给予了充分肯定，特别是高度赞赏了中国改革开放的新举措。他们认为，中国的开放在加入世贸组织之后没有停步，还在继续扩大。这客观地反映了2009年以来中国对外贸易政策制定的理念与倾向。

一　积极签订双边自由贸易协定

2009年以来，中国积极与贸易伙伴签订双边自由贸易协定。至2019年6月为止，中国已签订16个自由贸易协定，包括中国—格鲁吉亚、中国—韩国、中国—冰岛、中国—秘鲁、中国—新西兰、中国—巴基斯坦、中国—澳大利亚、中国—瑞士、中国—哥斯达黎加、中国—新加坡、中国—智利、中国—东盟等，涉及24个国家和地区。以上自由贸易协定在2009年以后签订或生效的有以下几个。

中国—新西兰，2008 年 4 月 7 日签订《中国-新西兰自由贸易协定》，2016 年 1 月 1 日前取消从中国进口产品的关税，2019 年 1 月 1 日前取消97.2% 从新西兰进口产品的关税。

中国—秘鲁，2009 年 4 月 28 日签订《中国-秘鲁自由贸易协定》，2010 年 3 月 1 日起实施。

中国—东盟，2010 年 1 月 1 日《中国-东盟自由贸易协定》全面实施，90% 的商品实现零关税。中国对东盟平均关税从 9.8% 降到 0.1%，东盟六个老成员国对中国的平均关税从 12.8% 降到 0.6%。

中国—哥斯达黎加，2010 年 4 月 8 日，中国与哥斯达黎加签署《中国-哥斯达黎加自由贸易协定》。中哥双方将对 90% 以上的产品分阶段实行零关税。

中国—冰岛，2013 年 1 月 30 日，结束自由贸易协定谈判，《中国-冰岛自由贸易协定》于 2014 年 7 月 1 日正式生效。这是中国与欧洲国家签署的第一个自由贸易协定。

中国—瑞士，2013 年 7 月 6 日，中国与瑞士签署自由贸易协定，于2014 年 7 月 1 日正式生效。从中国进口的 99.7% 的产品立即执行零关税，从瑞士进口的 84.2% 的产品执行零关税。

中国—澳大利亚，2015 年 6 月 17 日，中国与澳大利亚正式签署自由贸易协定，双方各有占出口贸易额 85.4% 的产品将在协定生效时立即实现零关税。

中国—格鲁吉亚，2017 年 5 月 13 日，中国与格鲁吉亚正式签署自由贸易协定，格鲁吉亚对中国 96.5% 的产品立即实施零关税，中国对格鲁吉亚93.9% 的产品实施零关税。

此外，中国与贸易伙伴正在谈判的自由贸易区协定有：《区域全面经济伙伴关系协定》（RCEP）、中国—海合会①、中国—日本—韩国、中国—斯里兰卡、中国—马尔代夫、中国—以色列、中国—挪威等。

二　对外贸易便利化改革

2017 年 2 月 22 日，WTO《贸易便利化协定》正式生效。数据显示，完整履行《贸易便利化协定》将会使全球贸易成本减少约 14.3%；发展中经

---

① 指海湾合作委员会，包括沙特、科威特、阿联酋、阿曼、卡塔尔和巴林。

济体和最不发达经济体的出口商品数量将分别增加 20% 和 35%；发展中经济体和最不发达经济体的海外市场规模将分别扩大 1/3 和 60%。由此可见，贸易便利化对扩大贸易量、降低贸易成本有重要作用。下面从商品通关、检验检疫、外汇管理和出口退税四个方面阐述近年来中国出台的贸易便利化政策与措施。

（一）商品通关

2018 年 3 月 26 日，中国海关总署会同口岸管理各相关部门出台了《提升中国跨境贸易便利化水平的措施（试行）》，共提出 18 条政策措施，内容涉及优化通关流程、简化单证手续、降低口岸收费、建立完善管理机制等。

在优化通关流程方面，主要采取取消海运提单换单环节、加快实现报检报关"串联"改"并联"、加大担保制度推广力度、深化国际贸易"单一窗口"建设、推进跨部门一次性联合检查五项措施。

在简化单证手续方面，主要采取实现海运集装箱货物设备交接单及港口提箱作业信息电子化流转、推进口岸物流信息电子化、简化自动进口许可证申请办理、完善随附单证无纸化格式标准、应用电子委托代理取代纸质报关报检委托协议书、简化进口免予 CCC 认证证明工作流程、简化出口原产地证办理流程七项措施。

在降低口岸收费方面，主要采取规范和降低口岸检查检验服务性收费、治理口岸经营服务企业不合理收费、继续开展落实免除查验没有问题外贸企业（失信企业除外）三项措施。

在建立完善管理机制方面，主要采取建立口岸通关时效评估公开制度、建立口岸收费公示制度、建立口岸通关意见投诉反馈机制三项措施。

（二）检验检疫

1. 大幅降低检验费用

2012 年以来，中国对外贸易检验费用累计减免约 250 亿元。在建立健全监督机制、畅通社会沟通渠道的同时，检验检疫系统集中开展收费整改，整顿各种违规收费工作，并建立"收费目录清单"，在门户网站、收费场所的显著位置公示。

2. 加快验放速度

2014年12月26日，国务院印发《落实"三互"推进大通关建设改革方案的通知》。该方案提出推进"单一窗口"建设、全面推进"一站式作业"、建立健全信息共享共用机制、整合监管设施资源、推动一体化通关管理、打造更加高效的口岸通关模式、建立口岸安全联合防控机制。

2015年4月30日，按照《海关总署-质检总局关于印发〈2015年继续全面推进关检合作"三个一"工作方案〉的通知》，国家质检总局与海关总署组织研发的统一版"一次申报"系统在全国上线运行，实现了企业只需一次录入申报数据，即可分别向检验检疫部门和海关发送。

3. 优化服务水平

质检总局2015年7月部署贸易便利化政策措施，通过优化口岸业务流程，改革验放机制，创新监管模式，降低出境商品口岸查验比例。各项措施施行以来，除法律法规规定以及发生重大质量安全事件等特殊情况外，口岸检验检疫机构对一般出境商品口岸查验率由5‰降低到2.5‰，重点查验商品由5%降低到2.5%，较大加快了进出口货物的流通速度，提升了贸易便利化水平。

（三）外汇管理

2010年6月23日，国家外汇管理局下发了《国家外汇管理局关于调整部分资本项目外汇业务审批权限的通知》，并于2010年7月1日起开始实施。该通知提出10项简化行政审批的具体措施，其中，3项业务的审批权限由总局下放至分局，4项业务由分局下放至中心支局（支局），还有2项业务由外汇局审批变为银行直接办理。

1. 审批权限由总局下放至分局的业务

（1）境内企业境外放款超过规定比例和金额的个案，由所在地外汇管理局分局、外汇管理部（以下简称"分局"）根据集体审议会议意见办理，相关批复文件应同时抄报总局资本项目管理司。

（2）符合现行法规确定的资本项目管理原则但相关文件和业务操作规程中无明确规定的个案，由所在地分局根据集体审议会议意见办理，相关批复文件应同时抄报总局资本项目管理司。

（3）境内中资企业短期外债余额指标的核定，由所在地分局根据本年度总局确定的短期外债余额指标核定的原则，在本地区短期外债余额指标内核定。

2. 审批权限由分局下放至中心支局（支局）的业务

（1）外国投资者竞标土地使用权的保证类专用外汇账户开立、变更、注销和资金划转的核准。

（2）外国投资者产权交易外汇资金（包括价款及交易保证金）托管及结算专用外汇账户开立、变更、注销和资金划转、结汇的核准。

（3）境内企业境外放款资金付汇及资金汇回入账核准。

（4）境内个人参与境外上市公司员工持股或认股期权计划资金调回及结汇的核准。

3. 外汇局指定银行可直接办理的业务

（1）外资参股非银行金融机构（不含保险公司，下同）外方利润购付汇的核准，由外汇指定银行办理。外资参股非银行金融机构应在汇出利润之日起 5 个工作日内，持银行购付汇单据到国家外汇管理局各分支局备案。

（2）境外上市外资股公司从境内支付境外上市费用汇出的核准，由外汇指定银行办理。境外上市外资股公司应在汇出上述费用之日起 5 个工作日内将有关数据报备所在地分支局。

（四）出口退税

2015 年 8 月 21 日，国家税务总局发出通知，从四个方面提出 16 项具体措施，进一步提高出口退税效率，推动对外贸易便利化。通知要求，各级税务部门要认真落实《全国税务机关出口退（免）税管理工作规范（1.0版）》和《出口退（免）税企业分类管理办法》要求，严格按照规定时限审核审批出口退（免）税和开展函调工作，所有的发函、复函及结果处理，必须通过出口货物税收函调系统网上处理，不允许网下运行。要积极开展财税库银横向联网电子退库、更正、免抵调业务推广上线工作，提高退库效率，缩短税款退付在途时间。出现出口退税计划不足时，要及时向上级税务机关反映，申请追加计划，不得以计划不足等原因拖延办理出口退税。

通知特别提出，要积极落实跨境电子商务企业税收政策，探索创新出口退税管理机制，为跨境电子商务贸易发展创造良好条件。落实好企业申报出口退（免）税时免于提供纸质出口货物报关单、逾期未申报的出口退（免）税可延期申报等便民措施，进一步减轻企业办税负担，提高退税效率。

三　自由贸易试验区与自由贸易港建设

（一）自由贸易试验区

2013 年 7 月 3 日，国务院常务会议通过《中国（上海）自由贸易试验区总体方案》，强调建设自由贸易试验区是顺应全球经贸发展新趋势，更加积极主动对外开放的重大举措，有利于培育中国面向全球的竞争新优势，构建与各国合作发展的新平台，拓展经济增长的新空间，打造中国经济"升级版"。自 2013 年设立上海自由贸易试验区至 2019 年 6 月，中国已设立了 12 个自由贸易试验区。各自由贸易试验区的基本情况和政策改革目标见表 10.9。

表 10.9　中国目前的自由贸易试验区基本情况及政策改革定位

名称	设立时间	实施面积	政策改革目标
中国（上海）自由贸易试验区	2013 年 7 月 3 日	120.72 平方公里	改革完善以负面清单管理为核心的投资管理制度、以贸易便利化为重点的贸易监管制度、以资本项目可兑换和金融服务业开放为目标的金融创新制度、以政府职能转变为核心的事中事后监管制度，形成与国际投资贸易通行规则相衔接的制度创新体系
中国（广东）自由贸易试验区	2014 年 12 月 28 日	116.2 平方公里	营造国际化、市场化、法治化营商环境，构建开放型经济新体制，实现粤港澳深度合作，力争建成符合国际高标准的法制环境规范、投资贸易便利、辐射带动功能突出、监管安全高效的自由贸易园区
中国（天津）自由贸易试验区	2014 年 12 月 28 日	119.9 平方公里	建设成为贸易自由、投资便利、高端产业集聚、金融服务完善、法制环境规范、监管高效便捷、辐射带动效应明显的国际一流自由贸易园区

续表

名称	设立时间	实施面积	政策改革目标
中国（福建）自由贸易试验区	2014年12月28日	118.04平方公里	建设成为改革创新试验田；推进与台湾地区投资贸易自由化进程；充分发挥对外开放前沿优势，建设21世纪海上丝绸之路核心区，打造面向21世纪海上丝绸之路沿线国家和地区开放合作新高地
中国（辽宁）自由贸易试验区	2017年3月15日	119.89平方公里	形成与国际投资贸易通行规则相衔接的制度创新体系，营造法治化、国际化、便利化的营商环境，努力建成高端产业集聚、投资贸易便利、金融服务完善、监管高效便捷、法治环境规范的高水平、高标准自由贸易园区
中国（浙江）自由贸易试验区	2017年3月15日	119.95平方公里	经过改革基本实现投资贸易便利、高端产业集聚、法治环境规范、金融服务完善、监管高效便捷、辐射带动作用突出，以油品为核心的大宗商品全球配置能力显著提升，对接国际标准初步建成自由贸易港区先行区
中国（河南）自由贸易试验区	2017年3月15日	119.77平方公里	经过改革，形成与国际投资贸易通行规则相衔接的制度创新体系，营造法治化、国际化、便利化的营商环境，建设成为投资贸易便利、高端产业集聚、交通物流通达、监管高效便捷、辐射带动作用突出的高水平、高标准自由贸易园区
中国（湖北）自由贸易试验区	2017年3月15日	119.96平方公里	经过改革，对接国际高标准投资贸易规则体系，力争建成高端产业集聚、创新创业活跃、金融服务完善、监管高效便捷、辐射带动作用突出的高水平、高标准自由贸易园区

名称	设立时间	实施面积	政策改革目标
中国（重庆）自由贸易试验区	2017年3月15日	119.98平方公里	经过改革，建成投资贸易便利、高端产业集聚、监管高效便捷、金融服务完善、法治环境规范的高水平高标准自由贸易园区，努力建成服务于"一带一路"建设和长江经济带发展的国际物流枢纽和口岸高地
中国（四川）自由贸易试验区	2017年3月15日	119.99平方公里	经过改革，建成法治环境规范、投资贸易便利、创新要素集聚、监管高效便捷、协同开放效果显著的高水平、高标准自由贸易园区，打造内陆开放型经济高地
中国（陕西）自由贸易试验区	2017年3月15日	119.95平方公里	经过改革，形成与国际投资贸易通行规则相衔接的制度创新体系，营造法治化、国际化、便利化的营商环境，建成投资贸易便利、高端产业聚集、金融服务完善、人文交流深入、监管高效便捷、法治环境规范的高水平、高标准自由贸易园区
中国（海南）自由贸易试验区	2018年4月14日	3.39万平方公里	对标国际先进规则，持续深化改革探索，以高水平开放推动高质量发展，加快建立开放型、生态型、服务型、产业体系。实行更加积极主动的开放战略，加快构建开放型经济新体制，推动形成全面开放新格局，把海南打造成为中国面向太平洋和印度洋的重要对外开放门户

资料来源：根据各自由贸易试验区官方网站资料整理。

中国政府对各个自由贸易试验区的总的改革要求是："继续积极大胆闯、大胆试、自主改"；"探索不停步、深耕试验区"。具体要求则根据各个自由贸易试验区的改革目标来确定，共同性的政策改革要求包括：深化完善以负面清单管理为核心的投资管理制度、以贸易便利化为重点的贸易流程改造与高效率的监管制度、以资本项目可兑换和金融服务业开放为目标的金融创新制度、以政府职能转变为核心的事中事后监管制度；形成与国际投资、国际贸易通行规则相衔接的创新制度；等等。各个自由贸易试验区的改革成果，满足现行对外贸易政策规定的，均可被复制和推广。

（二）自由贸易港

2018年4月13日，国家主席习近平在庆祝海南建省办经济特区30周年大会上郑重宣布，中国决定支持海南全岛建设自由贸易试验区，支持海南逐步探索、稳步推进中国特色自由贸易港建设，分步骤、分阶段建立自由贸易港政策和制度体系。

海南自由贸易港总体建设方案目前还在规划中，计划于2020年10月出台总体方案。按中央政府的布置，海南自由贸易港要努力建设成为中国新时代全面深化改革开放的新标杆，打造成为中国全面深化改革开放试验区、国家生态文明试验区、国际旅游消费中心、国家重大战略服务保障区。海南将在城乡融合发展、人才、财税金融、收入分配、国有企业等方面加快体制机制改革；设立国际能源、航运、大宗商品、产权、股权、碳排放权等交易场所；积极发展新一代信息技术产业和数字经济，推动互联网、物联网、大数据、卫星导航、人工智能等同实体经济深度融合。

四 "一带一路"合作框架下的对外贸易政策

"一带一路"（The Belt and Road，B&R）是"丝绸之路经济带"和"21世纪海上丝绸之路"的简称，2013年9月和10月由国家主席习近平分别提出建设"新丝绸之路经济带"和"21世纪海上丝绸之路"的合作倡议。"一带一路"旨在依靠中国与有关国家既有的双边、多边机制，借助既有的、行之有效的区域合作平台，借用古代丝绸之路的历史符号，高举和平发展的旗帜，积极发展与沿线国家和地区的经济合作伙伴关系，共同打造政治互信、经济融合、文化包容的利益共同体、命运共同体和责任共同体。

在"一带一路"合作框架下，中国与沿线的65个国家之间将展开更加紧密的对外投资与对外经济合作，但中国对"一带一路"沿线国家和地区并没有制定特殊的对外贸易政策，贸易与投资依然以市场机制为基础运行。"一带一路"倡议包括如下几个核心原则。①

---

① 中央电视台大型纪录片《国家级顶层合作倡议》，2016年8月21日。

第一，"一带一路"是开放性、包容性区域合作倡议，而非排他性、封闭性的中国"小圈子"。当今世界是一个开放的世界，开放带来进步，封闭导致落后。中国认为，只有开放才能发现机遇、抓住用好机遇、主动创造机遇，才能实现国家的奋斗目标。"一带一路"倡议就是要把世界的机遇转变为中国的机遇，把中国的机遇转变为世界的机遇。正是基于这种认知与愿景，"一带一路"以开放为导向，冀望通过加强交通、能源和网络等基础设施的互联互通建设，促进经济要素有序自由流动、资源高效配置和市场深度融合，开展更大范围、更高水平、更深层次的区域合作，打造开放、包容、均衡、普惠的区域经济合作架构。

第二，"一带一路"是务实合作平台，而非中国的地缘政治工具。"和平合作、开放包容、互学互鉴、互利共赢"的丝路精神成为人类共有的历史财富。"一带一路"就是秉承这一精神与原则提出的现时代重要倡议。通过加强相关国家间的全方位、多层面交流合作，充分发掘与发挥各国的发展潜力与比较优势，彼此形成互利共赢的区域利益共同体、命运共同体和责任共同体。在这一机制中，各国是平等的参与者、贡献者、受益者。因此，"一带一路"从一开始就具有平等性、和平性。平等是中国所坚持的重要国际准则，也是"一带一路"建设的关键基础。

第三，"一带一路"是共商、共建、共享的联动发展倡议，而非中国的对外援助计划。"一带一路"建设是双边或多边联动基础上通过具体项目加以推进的，是在进行充分政策沟通、战略对接以及市场运作后形成的发展倡议与规划。2017年5月《"一带一路"国际合作高峰论坛圆桌峰会联合公报》中强调了建设"一带一路"的基本原则，其中就包括市场原则，即充分认识市场作用和企业主体地位，确保政府发挥适当作用，政府采购程序应开放、透明、非歧视。可见，"一带一路"建设的核心主体与支撑力量并不在政府，而在企业，根本方法是遵循市场规律，并通过市场化运作模式来实现参与各方的利益诉求，政府在其中发挥构建平台、创立机制、政策引导等指向性、服务性功能。

第四，"一带一路"是和现有机制的对接与互补，而非替代。"一带一路"建设的相关国家和地区要素禀赋各异，比较优势差异明显，互补性很强。有的国家能源资源富集但开发力度不够，有的国家劳动力充裕但就业岗位不足，有的国家市场空间广阔但产业基础薄弱，有的国家基础设施建设需求旺盛但资金紧缺。中国经济规模居全球第二，外汇储备居全球第一，优势产业越来越多，基础设施建设经验丰富，装备制造能力强、质量好、性价比高，具备资金、技术、人才、管理等综合优势。这就为中国与其他"一带一路"参与方实现产业对接与优势互补提供了现实需要与重大机遇。因而，"一带一路"的核心内容就是要促进基础设施建设和互联互通，对接各国政策和发展战略，以便深化务实合作，促进协调联动发展，实现共同繁荣。显然，它不是对现有地区合作机制的替代，而是与现有机制互为助力、相互补充。

"一带一路"合作的重点是：政策沟通、设施联通、贸易畅通、资金融通、民心相通。其中贸易畅通的合作内容有四点。

第一，投资贸易合作是"一带一路"建设的重点内容。宜着力研究解决投资贸易便利化问题，消除投资和贸易壁垒，构建区域内和各国良好的营商环境，同沿线国家和地区共同商建自由贸易区，激发释放合作潜力，做大做好合作"蛋糕"。①

第二，加快投资便利化进程，消除投资壁垒。加强双边投资保护协定、磋商避免双重征税协定，保护投资者的合法权益。②

第三，拓展相互投资领域，开展农林牧渔业、农机及农产品生产加工等领域深度合作，积极推进海水养殖、远洋渔业、水产品加工、海水淡化、海洋生物制药、海洋工程技术、环保产业和海上旅游等领域合作。加大煤炭、油气、金属矿产等传统能源资源勘探开发合作，积极推动水电、核电、风电、太阳能等清洁、可再生能源合作，推进能源资源就地就近加工转化合作，形成能源资源合作上下游一体化产业链，加强能源资源深加工技术、装备与工程服务合作。

第四，推动新兴产业合作，按照优势互补、互利共赢的原则，促进沿线国家加强在新一代信息技术、生物、新能源、新材料等新兴产业领域的深入合作，推动建立创业投资合作机制。

---

① 发放委、外交部、商务部：《推动共建丝绸之路经济带和21世纪海上丝绸之路的愿景与行动》，2015年3月28日。
② 《商务部：2015年我国企业对"一带一路"国家投资增18.2%》，人民网，2016年1月20日。

五　中美贸易争端背景下中国对外贸易政策改革取向

中美贸易争端从 2018 年 3 月 22 日，特朗普政府宣布"因知识产权侵权问题对中国商品征收 500 亿美元关税，并实施投资限制"开始。美国受到中国的反制后，双方进入贸易谈判阶段。但是，经过 11 轮的贸易谈判，中美双方依然没有达成解决贸易纷争的协议。特朗普政府宣布从 2019 年 5 月10 日起，正式对中国出口美国的 2000 亿美元的商品征收 25% 的关税，并威胁对剩余的 3000 亿美元的输美商品，把进口关税税率从 10% 提升到 25%。经两国首脑于 2019 年 6 月 29 日在 G20 大阪峰会上的会谈，达成了"双方暂停加征关税，重启贸易谈判"的协议。截至 2019 年 10 月，双方的谈判依然在进行中，难以判断何时达成协议。

从 2018 年 3 月至 2019 年 6 月，在中美贸易争端的一年多时间里，中国对外贸易的政策并没有走向退却和保守，也没有对美国或其他国家故意筑起高高的贸易保护墙。除了被动式反制美方升级贸易摩擦外，中国并没有采取极端化的贸易保护措施或抵制措施，反而采取了举办"中国国际进口博览会"① 等扩大开放和扩大进口的政策措施。中国政府的立场充分体现在2019 年 6 月 2 日发表的《关于中美经贸磋商的中方立场》白皮书中。白皮书清楚阐明：中国希望与美国达成一个平等、公平、合理，不破坏双方发展核心利益的贸易协议，中国的主权和尊严必须得到尊重，不接受协议单方面向美方倾斜，也不接受继续保留贸易摩擦后的关税税率水平，即必须全部取消贸易摩擦后增收的关税。

白皮书同时表明，不管中美贸易谈判结果如何，中国将继续走深化改革开放的道路，中国的大门不会关上，只会越开越大。国家主席习近平在第二届"一带一路"国际合作高峰论坛开幕式主旨演讲中宣布："中国将采取一系列重大改革开放举措，加强制度性、结构性安排，促进更高水平对外开放"，包括"更广领域扩大外资市场准入""更大力度加强知识产权保护国际合作""更大规模增加商品和服务进口""更加有效实施国际宏观经济政策协调""更加重视对外开放政策贯彻落实"。"一个更加开放的中国，将同世界形成更加良性的互动，带来更加进步和繁荣的中国和世界"。

---

① 首届中国国际进口博览会于 2018 年 11 月 5 日至 10 日在中国国家会展中心（上海）举办。

第五节　对外贸易体制与实践评价

一　对外贸易取得的新进展

2009 年以来，中国为应对世界金融危机和扩大对外开放，积极推进外贸体制改革，根据世界经济形势变化调整完善外贸发展战略，较好地激发了外向型企业的积极性和创造性。中国对外贸易总体保持较快发展，对外贸易结构不断优化，对外贸易总额上了新台阶，跃居世界货物贸易第一大国。

中国货物贸易进出口总额从 2009 年的 2.2 万亿美元增至 2018 年的 4.6 万亿美元，增长了一倍有余，年均增速达到 8.5%，这在全球经济和贸易增速放缓的情况下是一份较好的成绩单。中国改革开放初期，货物贸易出口占国际市场份额不足 1%，而 2009 年，中国货物贸易出口总额超过德国，成为世界第一大货物贸易出口国。2017 年，中国成为世界货物贸易第一大国，货物贸易出口额占世界的 12.8%，居第一位；货物贸易进口额占世界的 10.2%，居第二位。

对外贸易结构不断优化。中国出口商品结构在 20 世纪 80 年代实现了由以初级产品为主向以工业制成品为主转变，90 年代实现了由以轻纺产品为主向以机电产品为主转变。2009 年以来，以电子和信息技术为代表的高新技术产品出口占比不断提高。2009~2018 年，中国机电产品出口从 7131 亿美元增加到 1.46 万亿美元，占总出口的比重达到 58.7%，年均增速达到 8.3%，远高于全球平均水平，占世界市场的份额从 13.4% 上升至 17% 以上。2018 年，中国高新技术出口 7468.66 亿美元，高新技术产品占中国出口比重从 17.1% 左右提高到 30.02%。

对外贸易市场覆盖全球。2009 年以来，中国贸易伙伴稳步增长，2018 年已经发展到 231 个。欧盟、美国、东盟、日本、金砖国家等是中国主要的贸易伙伴。2009 年以来，中国与新兴市场和发展中国家的贸易持续较快增长。2009~2018 年，东盟在中国出口市场中的占比从 8.9% 提高到 12.6%，非洲地区从 2.0% 提高到 4.6%，达到 992.8 亿美元。"一带一路"沿线国家和地区与中国的贸易也明显增长，至 2019 年 6 月，中国与"一带一路"沿线国家和地区的贸易指数上升到 129.01。

二　对外贸易体制与实践的经验教训

这一时期，中国的对外贸易体制改革集中在进一步对外开拓市场、实行贸易便利化改革和推进贸易转型升级等方面，总的来看成效良好。但在对外贸易实践中，依然存在下列不足。

1. 在国际贸易中分工地位低，出口产品处于全球价值链中低端

中国的对外贸易总额虽然已位居全球第一，但在国际贸易分工价值链中，产品生产与出口依然集中在中低端。中国出口的产品较多还是技术含量低、耗能高、污染大的劳动密集型和资源密集型产品，加工贸易出口集中在依靠密集劳动力、附加值低、技术含量不高的加工装配环节上；出口产品的标准较欧盟、美国等发达国家和地区的标准低；出口的产品大多缺乏自主知识产权及自主品牌。多年以来，中国对外贸易虽然规模增长快，但质量和效益不高，核心竞争力不强，这种"高投入、低收益"的局面不利于对外贸易的持续健康发展。

2. 传统比较优势逐步削弱，新的比较优势产业群还没有形成

改革开放以来，中国巨大的出口红利来源于人口红利，即巨量的低价的劳动力。中国劳动力要素价格长期以来被严重低估，形成了"世界汗水工厂"，也形成了强大的劳动力密集产品比较优势。但随着经济持续快速增长以及劳动力年龄和知识结构的改变，中国的劳动力成本上升较快，"人口红利"正在接近拐点，其低成本优势正在逐步削弱。与此同时，中国具备真正创新能力、拥有核心技术的企业还不多，一些所谓的高新技术企业只处于"高级加工"的水平，具有自主知识产权和自主品牌的一般贸易产品还不多，尚没有形成新的高新技术产业群比较优势以替代正在失去的劳动力低成本优势。

3. 价格竞争依然是出口竞争的主导，出口行业的利润普遍较低

由于中国一些传统产业和出口行业产能过剩，产品供过于求，生产的产品同质化现象严重，企业为争夺市场只能打价格战，并把价格战从国内延伸到国外，在国际市场上低价竞销，盲目竞争。加之中国企业多数处于产业链的低端，又不注重研发，缺乏核心技术及核心竞争力，只能依靠做大规模降低成本。出口行业的过度恶性竞争导致中国出口行业利润普遍低

薄，一旦外部经济波动就容易受到冲击。

4. 外汇储备过高，与一些国家的贸易过度不平衡

2008 年金融危机以来，中国的外汇储备增长比以往更快。虽然中国政府并没有刻意追求外汇储备的不断增长，但中国巨量的劳动力和强大的出口加工能力，使中国一直是一般产品和高新技术产品的世界加工中心，以此换回和积聚了大量的出口外汇。其实，外汇储备过高不是好事而是个问题，因为外汇储备规模增长过快，持有外汇的机会成本将大大增加，并加大了人民币升值的压力。巨额的外汇储备也会影响货币政策的独立性，加大了通货膨胀的压力，影响经济增长的动力结构平衡。

中国与一些国家的贸易过度不平衡是外汇储备增加过快的一个成因。其中，与美国的进出口贸易多年处于严重不平衡状况，这不利于中美贸易的长远健康发展。影响中美贸易不平衡的因素很多，希望新一轮的中美贸易谈判能通过市场化的机制和平等公正的贸易协议，而不是人为的行政安排来消除双方过度的不平衡贸易状况。

参考文献

《1984 年国务院确定开放 14 个沿海港口城市》，中国国际电子商务网，http：//news. ec. com. cn/channel/print. shtml？/zxztxw/200811/664080 _ 1，2009. 7. 3。

《1984 年外贸体制改革开启尘封大门，成就外贸大国梦》，中国国际电子商务网，http：//news. ec. com. cn/channel/print. shtml？/zxztxw/200811/664426_ 1，2009. 7. 7。

《WTO 对中国进行第 2 次贸易政策评审》，《世界贸易组织动态与研究》2008 年第 6 期。

《WTO 首次审议中国贸易政策》，《世界贸易组织动态与研究》2006 年第 6 期。

《当代中国》丛书编辑委员会：《当代中国对外贸易》，当代中国出版社，1992。

《邓小平文选》（第二卷），人民出版社，1993。

《邓小平文选》（第二卷），第 2 版，人民出版社，1994。

《国务院关于批转对外经济贸易部一九八八年外贸体制改革方案的通知》（国发〔1987〕90 号）。

《马克思 恩格斯 列宁 斯大林论国际贸易》，北京对外贸易学院，1959。

《商务部：2015 年我国企业对"一带一路"国家投资增 18.2%》，人民网，2016 年 1 月 20 日。

《在中国共产党第七届中央委员会第二次全体会议上的报告》（1949），载《毛泽东选集》，人民出版社，1966。

《中国对外经济贸易 50 年》编辑部编《中国对外经济贸易 50 年（1949-1999）》，当代世界出版社，1999。

《中国对外贸易概论》编写组：《中国对外贸易概论》，对外贸易教育出版社，1985。

《中国共产党第十三次全国代表大会文件汇编》，人民出版社，1987。

《中国加工贸易问题研究》课题组：《中国加工贸易问题研究》，经济科学出版社，1999。

《中国外贸体制改革的进程、效果与国际比较》课题组：《中国外贸体制改革的进程、效果与国际比较》，对外经济贸易大学出版社，2007。

《中华人民共和国对外贸易法》，1994 年 5 月 12 日第八届全国人民代表大会常务委员会第七次会议通过，2004 年 4 月 6 日第十届全国人民代表大会常务委员会第八次会议修订，http：//chanye. finance. sina. com. cn/sm/2008-10-07/358035. shtml，2009. 7. 3。

〔英〕安格斯·麦迪森：《世界经济千年史》，伍晓鹰、许宪春、叶燕斐、施发启译，北京大学出版社，2003。

薄一波：《若干重大决策与事件的回顾（上）》，中共中央党校出版社，1991。

陈东林：《七十年代前期的中国第二次对外引进高潮》，《中共党史研究》1996 年第 3 期。

陈潇潇：《中国出口商品结构的演变特征、影响因素及对策建议》，重庆大学硕士学位论文，2008。

陈焰：《国际贸易与经济增长研究》，厦门大学博士学位论文，2007。

成协祥：《"一五"时期我国对外贸易管理体制的形成及其历史条件的考察》，《中南财经大学学报》1996 年第 6 期。

丁溪主编《中国对外贸易》，中国商务出版社，2006。

董长芝、张申宽、李树瑞：《中华开放强国策》，大连海运学院出版社，1992。

董伟：《七五计划（1986~1990）：改革闯关 治理整顿》，新浪财经网，http：//www. sina. com. cn，2009. 7. 3。

董志凯：《跻身国际市场的艰辛起步》，经济管理出版社，1993。

董志凯：《转轨之路——中国社会主义市场经济起步（1992-2001）》，《中国经济史研究》2008 年第 4 期。

对外经济贸易部人事教育劳动司编《中国对外贸易企业经营与管理》，北京大学出版社，1990。

发放委、外交部、商务部：《推动共建丝绸之路经济带和21世纪海上丝绸之路的愿景与行动》，2015年3月28日。

傅自应主编《中国对外贸易三十年》，中国财政经济出版社，2008。

巩玉闻：《周恩来在"文革"期间的经济指导思想》，《党的文献》1999年第5期。

顾卫平：《中国对外贸易战略性进展研究》，上海人民出版社，2007。

郭永泉：《中国海关促进贸易便利化的现状和对策》，《海关与经贸研究》2017年第3期。

国家统计局：《改革开放30年我国经济社会发展成就系列报告之二——从封闭半封闭到全方位开放的伟大历史转折》，统计局网站，2008年10月28日。

国家统计局国民经济综合统计司编《新中国五十年统计资料汇编》，中国统计出版社，1999。

郝璐：《中国对外贸易制度研究》，吉林大学博士学位论文，2017。

胡建华：《周恩来与"文革"中的外贸工作》，《纵横》1998年第8期。

黄汉民主编《中国对外贸易》，中国财政经济出版社，2006。

金哲松、李军：《中国对外贸易增长与经济发展——改革开放三十周年回顾与展望》，中国人民大学出版社，2008。

来特、王国顺：《对外贸易评价体系的构建及中国对外贸易关系现状评析》，《国际商务（对外经济贸易大学学报）》2006年第3期。

李剑竹：《中国对外贸易体制改革探讨》，《南开经济研究》1998年增刊。

李康华、王寿椿编《中国社会主义初级阶段的对外贸易》，对外贸易教育出版社，1989。

李妍：《对外开放的酝酿与起步（1976~1978）》，社会科学文献出版社，2008。

梁世彬主编《中国对外贸易概论》，中央广播电视大学出版社，1993。

刘瑞金：《对我国边境贸易几个问题的重新认识》，《国际贸易问题》1987年第5期。

刘昕：《加工贸易在政策调整中迈向优化》，新浪财经网，http://chanye.finance.sina.com.cn/sm/2008-10-07/358035.shtml，2009.7.3。

刘星：《新中国建国初期对外经济引进》，中国社会科学院研究生院硕士学位论文，2007。

刘莹：《中国对外贸易增长放缓问题研究》，《辽宁经济》2018年第7期。

隆国强：《对加工贸易的评价》，《经济研究参考》2003年第11期。

吕盛行：《贸易与增长——中国与印度的比较研究》，浙江大学博士学位论文，2005。

马丹：《中美对外贸易体制比较研究》，对外经济贸易大学博士学位论文，2006。

马慧敏：《当代中国对外贸易思想研究》，立信会计出版社，2008。

马龙龙、刘元才：《百卷本经济全书：对外贸易》，人民出版社，1994。

孟宪章主编《中苏经济贸易史》，黑龙江人民出版社，1992。

莫兰琼：《改革开放以来中国对外贸易战略变迁探析》，《上海经济研究》2016年第3期。

潘金娥：《入世后的对外经贸关系及对越南的启示》，载《庆祝中国成立55周年学术研讨会会议论文》，中国社会科学院世界经济与政治研究所网站，http：//www. iwep. org. cn，2004. 9. 29。

裴长洪主编《中国对外开放与流通体制改革30年研究》，经济管理出版社，2008。

裴玥：《20世纪80年代：纺织等外贸产品结构上演轻型化蜕变》，中国纺织经济信息网，http：//www. texindex. com. cn/Articles/2008 - 9 - 8/157207. html，2009. 7. 2。

齐小思：《中国对外贸易基本知识》，财政经济出版社，1958。

沈建光：《论中美贸易战的八大误区》，《国际金融》2018年第5期。

宋立刚：《贸易自由化与商品结构变化》，北京学术研讨会论文，1996。

孙业礼：《"我们做工作不要被那些老东西束缚住"——"文革"中陈云协助周恩来抓外贸的一些情况》，《党的文献》1995年第3期。

孙玉琴：《中国对外贸易体制改革的效应》，对外经济贸易大学出版社，2005。

孙玉琴、孙倩、王辉：《我国加工贸易的历史考察》，《国际贸易问题》2013年第4期。

涂红：《发展中大国的贸易自由化制度变迁与经济发展》，中国财政经济出版社，2006。

王芳：《中国对外贸易政策的现实选择——管理贸易》，首都经济贸易大学硕士学位论文，2005。

王林生、陈宇杰：《中国的对外经济关系》，人民出版社，1982。

王绍熙、王寿椿编著《中国对外贸易概论》，对外经济贸易大学出版社，1992。

王绍熙编著《中国对外贸易理论和政策》，中国对外经济贸易出版社，1989。

王艳：《中国外贸政策演变的效果及其产生机制研究》，《现代财经》2002年第8期。

魏浩、马野青：《中国出口商品的地区结构分析》，《世界经济》2006年第5期。

吴承明、董志凯主编《中华人民共和国经济史（第一卷）（1949—1952）》，中国财政经济出版社，2001。

吴建民：《改革开放30年的国际背景》，《时事报告》2008年第12期。

吴于廑、齐世荣主编《世界史·现代史编（下卷）》，高等教育出版社，1994。

夏亚峰：《"尼克松主义"及美国对外政策的调整》，《中共党史研究》2009年第4期。

夏英祝、金泽虎主编《中国对外贸易学（第二版）》，安徽大学出版社，2011。

徐行：《建国初期的外贸政策与对苏贸易》，载张星星主编《当代中国成功发展的历史经验：第五届国史学术年会论文集》，当代中国出版社，2007。

徐黑妹：《中国对外贸易政策的研究》，厦门大学硕士学位论文，2007。

许国生、卫仰霞主编《中国对外贸易经济学》，山西经济出版社，1992。

薛荣久：《八十年代以来国际贸易发展的特点》，《世界经济》1986年第9期。

杨李炼、宣家骥主编《中国对外贸易理论与实务》，海南人民出版社，1989。

杨圣明主编《中国关税制度改革》，中国社会科学出版社，1997。

杨小勋：《新时期我国外贸政策取向分析》，《西北工业大学学报（社会科学版）》2007年第1期。

于淑云：《简评50—60年代中日民间贸易发展的进程》，《内蒙古民族大学学报（社会科学版）》2001年第3期。

余淼杰：《中国对外贸易三十年（1978-2008）》，中国经济研究中心，北京大学国家发展研究院，2008。

俞品根主编《新兴工业化国家和地区的对外贸易体制》，商务印书馆，1997。

袁文祺：《中国对外贸易发展模式研究》，中国对外经济贸易出版社，1990。

袁欣、宁静：《中国对外贸易管理体制的演化路径分析》，《广东外语外贸大学学报》2008年第6期。

张芳、方虹：《贸易便利化对中国贸易增长的贡献研究——基于平台经济视角》，《工业技术经济》2018年第6期。

张鸿：《中国对外贸易战略的调整》，上海交通大学出版社，2006。

张庆萍：《1980年以来美国的对外贸易政策及对我国的启示》，《北京大学学报（哲学社会科学版）》2006年第S1期。

张曙霄：《中国对外贸易结构问题研究》，东北师范大学博士学位论文，2002。

张锡嘏：《对外开放与我国对外贸易的发展》，《对外经济贸易大学学报》1989年第6期。

张幼文：《中美贸易战：不是市场竞争而是战略竞争》，《南开学报（哲学社会科学版）》2018年第5期。

赵德馨主编《中华人民共和国经济史（1967—1984）》，河南人民出版社，1989。

赵继昌：《七年来我国对外贸易的重大变化的发展》，载中华人民共和国对外贸易部编《对外贸易论文选第三集》，财政经济出版社，1957。

赵渊博：《"一带一路"沿线国家和地区贸易便利化差异研究》，《改革与战略》2018年第6期。

郑敦诗编著《中国对外贸易统计》，中国对外经济贸易出版社，1991。

郑鲁英：《新时代中国自贸区知识产权战略：内涵、发展思路及应对》，《企业经济》2018 年第 7 期。

中国共产党中央委员会：《关于建国以来党的若干历史问题的决议》，第十一届六中全会决议，1981 年 6 月 27 日。

中国关贸总协定谈判代表团：《中国对外贸易制度备忘录》（1993 年 5 月修订本，汉英对照），中国对外经济贸易出版社，1993。

周明升、韩冬梅：《上海自贸区金融开放创新对上海的经济效应评价——基于"反事实"方法的研究》，《华东经济管理》2018 年第 8 期。

周四成：《建国初期反封锁反禁运斗争述论》，《北京党史》2002 年第 1 期。

朱波：《对外贸易方式与贸易融资的比较研究》，安徽大学硕士学位论文，2004。

BP, Statistical Review of World Energy, 2009, http：//www. bp. com.

图书在版编目（CIP）数据

中国对外贸易体制与实践：1949-2019／裴长洪，
王万山著. -- 北京：社会科学文献出版社，2020.1
　ISBN 978-7-5201-6021-6

　Ⅰ.①中…　Ⅱ.①裴…②王…　Ⅲ.①对外贸易-研
究-中国-1949-2019　Ⅳ.①F752

　　中国版本图书馆 CIP 数据核字（2020）第 016146 号

中国对外贸易体制与实践（1949~2019）

著　　者／裴长洪　王万山

出 版 人／谢寿光
责任编辑／史晓琳
文稿编辑／孙悦凡

出　　版／社会科学文献出版社·国际出版分社（010）59367142
　　　　　地址：北京市北三环中路甲 29 号院华龙大厦　邮编：100029
　　　　　网址：www. ssap. com. cn
发　　行／市场营销中心（010）59367081　59367083
印　　装／三河市东方印刷有限公司

规　　格／开　本：787mm×1092mm　1/16
　　　　　印　张：12. 75　字　数：207 千字
版　　次／2020 年 1 月第 1 版　2020 年 1 月第 1 次印刷
书　　号／ISBN 978-7-5201-6021-6
定　　价／98. 00 元

本书如有印装质量问题，请与读者服务中心（010-59367028）联系